M 33564

Paris
1838

Jacquemin Edmond

llemagne romantique et pittoresque

deuxieme section : La Suisse Saxonne

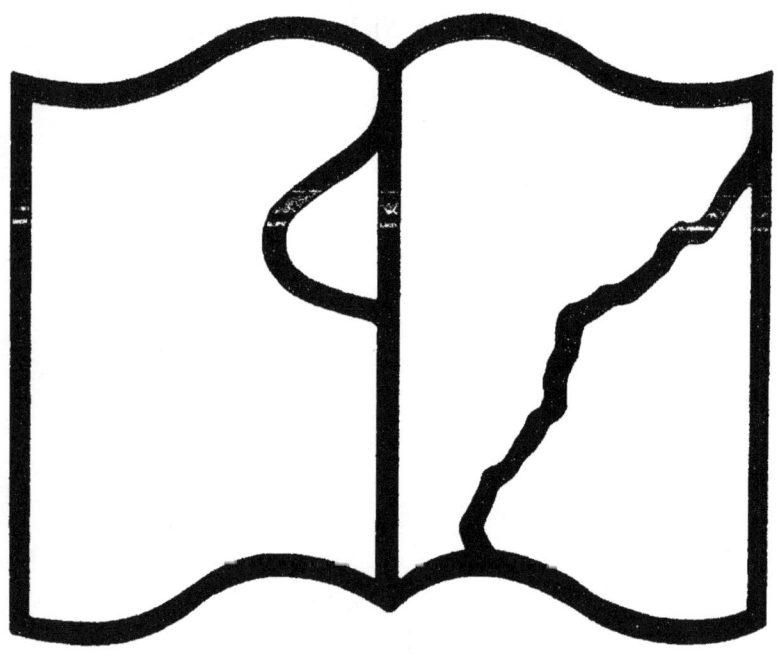

**Symbole applicable
pour tout, ou partie
des documents microfilmés**

Texte détérioré — reliure défectueuse

NF Z 43-120-11

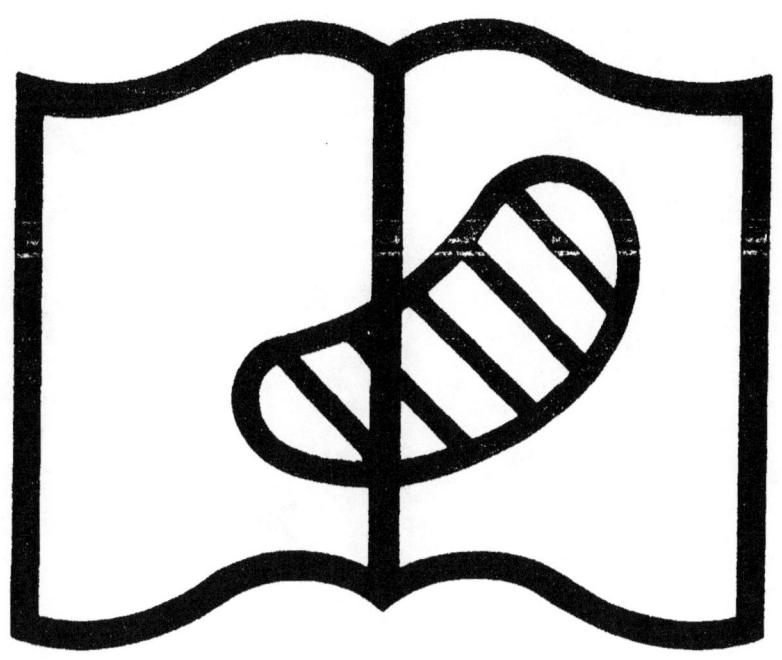

Symbole applicable
pour tout, ou partie
des documents microfilmés

Original illisible

NF Z 43-120-10

L'ALLEMAGNE

Romantique et Pittoresque

EN DIX SECTIONS

Avec 260 Gravures sur Acier

PAR LES PREMIERS ARTISTES D'ALLEMAGNE ET D'ANGLETERRE

Quatrième Section

LA SUISSE

SAXONNE

PAR ED. JACQUEMIN

tome premier

avec 30 gravures

PARIS

AUX BUREAUX, Rue des Grands Augustins, 22
Passage Saulnier, 242   Et chez Ch. BRANDLOFF, Libraire,
Rue Notre-Dame-Lorette, 9   Rue Vivienne, 15

1838

50 centimes la livraison.

L'ALLEMAGNE
ROMANTIQUE ET PITTORESQUE

DIX VOLUMES GRAND IN-8°.

AVEC

260 GRAVURES SUR ACIER

PAR LES

PREMIERS ARTISTES D'ANGLETERRE ET D'ALLEMAGNE.

Il y a des pays qui ont eu jusqu'à présent le privilège presque exclusif d'attirer l'attention. Pour eux les visites des voyageurs, l'enthousiasme des poètes, la préférence des artistes. Qui ne connaît l'Italie et la Suisse? Qui n'a pas lu mille fois la description de leurs monumens, de leurs ruines, la peinture de leurs mœurs et de leurs fêtes? Y a-t-il là un clocher dont nous ne connaissions exactement la hauteur et la forme? Une montagne, une simple colline dont vingt touristes ne nous aient dépeint les contours? Ces pays n'ont plus rien de nouveau pour nous, nous les savons par cœur d'une frontière à l'autre, nous sommes blasés sur leurs beautés trop connues.

33564

Mais voici un pays aux populations aussi variées que les territoires, un pays d'une nature féconde et vigoureuse, et que le pied du voyageur n'a pour ainsi dire pas encore foulé, un pays presque encore vierge pour le pinceau de l'artiste comme pour la plume de l'écrivain. Et cependant nulle contrée peut-être n'offre plus de sujets intéressans. C'est là, on peut le dire, que sont nées ces magnifiques cathédrales du moyen-âge qui feront à jamais l'admiration du monde. Où trouver des monumens supérieurs aux cathédrales de Cologne, de Bamberg, de Ratisbonne? Où l'art moderne s'est-il manifesté avec plus d'éclat que dans cette capitale de la Bavière, où en peu d'années on a vu s'élever tant de monumens remarquables? Où trouver des sites plus pittoresques que dans la forêt Noire, dans les vallées du Necker et du Danube, sur les bords du Rhin; des accidens de terrain à la fois plus variés et plus grandioses que dans la Styrie et le Tyrol? N'est-ce point là aussi la terre classique de la légende. Où a-t-elle revêtu une bonhomie plus naïve et plus attachante? Où trouver encore des populations de races plus diverses, plus mélangées? Là vivent à côté les uns des autres des Allemands, des Slavons, des Magyares; qui de nous sait les différences qui séparent le Prussien du Tyrolien, le Transylvanien de l'habitant des bords du Rhin? Quel voyageur s'est plu à nous décrire les mœurs, les cérémonies, les fêtes et les usages de ces peuples si curieux à connaître?

Sous un autre point de vue, l'Allemagne est une des contrées les plus importantes de l'Europe. Elle a vu bien des grands événemens s'accomplir dans son sein; elle a souvent disposé pour ainsi dire de l'Europe, et dans une époque plus ou moins rapprochée elle peut être encore appelée à jouer un rôle décisif dans les destinées du monde, elle peut décider de l'issue de la lutte qui est engagée entre deux grands systèmes; combien donc n'est-il pas intéressant pour nous de l'étudier, de chercher à en comprendre l'esprit?

On le voit, si l'Allemagne n'est pas chaque année sillonnée par des myriades de voyageurs, ce n'est pas que l'intérêt manque au voyage. Le sujet est d'un intérêt immense et pour l'observateur politique et pour l'ami des arts.

Une société d'artistes et d'écrivains a voulu nous révéler tous ces trésors ignorés, sites pittoresques, vues des monumens, légendes et histoire du pays. Elle a fait une distribution du travail entre tous ses membres. Chacun a choisi pour objet de ses études la contrée qui l'a vu naître. Le Souabe a voulu décrire les beautés de la Souabe, le Prussien les bords de la Baltique, le Tyrolien les montagnes de sa patrie. Poètes et dessinateurs ont parcouru le pays ensemble, l'ont décrit et peint de concert. Les vues et les descriptions ont été faites sur les lieux ; puis on a envoyé les dessins aux graveurs les plus célèbres de l'Angleterre, où l'art du burin est parvenu à un si haut degré de perfection. Rien n'a été négligé pour faire de cette publication un monument digne du sujet.

Au mérite de l'exécution artistique et littéraire on a joint le luxe du papier et de l'impression. Le public reconnaîtra facilement que les éditeurs n'ont point couru après le bon marché, et nous ne craignons pas de dire qu'il y a peu de publications pittoresques qui pourraient soutenir la comparaison avec celle-ci.

Entreprise de concert avec une des plus fortes maisons de Leipsig, la maison Georges Vigand, elle présente des garanties suffisantes d'entier accomplissement. Déjà les premières livraisons sont en vente, et trois volumes sont sous presse.

L'ouvrage se divise en dix parties ou sections, formant chacune un volume.

1° La Suisse saxonne, par A. Tromlitz, avec 30 gravures ;
2° Les monts des Géants, par Ernest Raupach, 20 gravures ;
3° La Franconie, par G. de Heeringen, 24 gravures ;
4° Le Harz, par W. Blumenhagen, 30 gravures ;
5° Les bords du Danube, par Edouard Duller, 30 gravures ;
6° Les bords de la Baltique et de la mer du Nord, par V. Mohnicke et Starkloff, 18 gravures ;
7° La Styrie et le Tyrol, par Carl Herlossohn, 30 gravures ;
8° La Souabe, par Gustave Schwab, 30 gravures ;
9° La Thuringe, par Louis Bechstein, 30 gravures ;
10° Les bords du Rhin, par Carl Simreck, 30 gravures.

On remarquera que ce sont là les noms des poètes qui jouissent aujourd'hui de la plus grande célébrité en Allemagne. Ils ont trouvé en France de dignes interprètes.

L'ouvrage paraît par livraison de huit pages grand in-8° et d'une gravure sur acier.

Deux livraisons seront publiées par semaine, le jeudi et le dimanche.

PRIX : 50 CENTIMES.

ON SOUSCRIT
- Au Bureau, passage Saulnier, 11 ;
- Heideloff, libraire, rue Vivienne, 16 ;
- Tétot frères, passage des Panoramas ;
- Au bureau de la nouvelle *Revue encyclopédique*, rue des Grands-Augustins, 28 ;
- Et chez tous les libraires et dépôts de Pittoresques.

L'ALLEMAGNE

ROMANTIQUE ET PITTORESQUE.

IMPRIMERIE LANGE LÉVY ET COMP., RUE DU CROISSANT, 16.

L'ALLEMAGNE

ROMANTIQUE ET PITTORESQUE.

DEUXIÈME SECTION :

LA SUISSE

SAXONNE,

Par Ed. Jacquemin,

D'APRÈS A. TROMLITZ.

PARIS.

AU BUREAU,   Chez AUDOT, libraire,
Passage Saulnier, 11.   Rue du Paon, 8.

1838.

Préambule.

Il existe dans le royaume de Saxe, non loin de Dresde, une petite contrée dont on n'a encore guère entendu parler en France. Tout y est montagne. Les terrains, brisés par les forces centrales du globe, ont été retournés de manière à bouleverser entièrement leur ordre de succession géologique; on dirait que les prodigieuses forces d'expansion que la terre recèle dans son sein ont toutes voulu chercher une issue dans ce seul point. Le granit, ce vieux témoin de la création première de notre globe, et qui supporte l'énorme fardeau de toutes les autres formations, lancé violemment jusqu'à la surface, est venu à son tour peser sur elles, et s'élever en montagnes colossales aux yeux du voyageur étonné. La formation du grès surtout joue dans ces lieux un rôle très important.

Cette contrée, où la nature a réuni tant de beautés, c'est la Suisse saxonne. Sa longueur est de dix lieues, sa largeur d'à peu près autant ; elle s'étend depuis Pilnitz jusqu'à Hermsdorf, et depuis Falkenberg et Hochwald jusqu'à Hollendorf. Bornée au sud et à l'est par la Bohême, elle est traversée par l'Elbe, qui la partage presque en deux parties égales.

Quoique la Suisse saxonne ne soit qu'un abrégé, une miniature de la vraie Suisse, cependant elle mérite à tous égards qu'on aille la visiter. On se fatigue, il est vrai, à escalader les rochers qui la hérissent, et quelque effroi peut vous saisir en pénétrant dans ses gorges où l'air semble toujours prêt à vous manquer ; mais du haut de ces rochers on voit se dérouler sous ses yeux de si admirables paysages ; mais tout autour de ces gorges habite un peuple si tranquille et si bon! Les montagnes les plus hautes de ce petit pays ont à peine dix-huit cents pieds, on n'y rencontre ni glaciers, ni grandes chutes d'eau, ni ce luxe de végétation qu'étalent l'Italie et les pays méridionaux ; mais la nature y a pris une physionomie tout-à-fait originale, souvent bizarre, grotesque même.

Pour parcourir cette contrée il ne faut que cinq jours, huit jours tout au plus, du moins à celui qui n'est que simple voyageur ; car si vous êtes ou entomologiste, ou minéralogiste, ou botaniste, plusieurs mois vous suffiront à peine pour ramasser seulement ce qui se présentera de soi-même sous vos pas.

Ce nom ou plutôt ce surnom de Suisse saxonne est fort bien trouvé, comme le sont en général tous ceux dont l'Allemagne a enrichi son vocabulaire géographique : c'est ainsi qu'elle a surnommé Leipzig le petit Paris, Gera le petit Leipzig, Weimar l'Athènes de l'Allemagne, Lindau la petite Venise, Künzelsau le petit Nüremberg, etc.

L'immense bassin de la Bohême, dans lequel l'Elbe prend naissance, est entièrement ceint d'une chaîne de hautes montagnes qui partout contrariaient la marche des eaux. Ces eaux s'accumulant sans cesse, avaient changé le bassin presque tout entier en un lac immense. Mais elles ne pouvaient éternellement rester ainsi captives. A force de battre les rocs, elles finirent par les briser, et s'ouvrirent près de Lobositz un passage qu'elles eurent bientôt considérablement élargi. Alors le bassin de la Bohême fut mis à sec; et l'Elbe, renversant les barrières que la nature lui avait opposées, put marcher enfin libre et tranquille. Son lit était creusé; les rivières qui tombent dans son sein se mirent également à creuser le leur. C'est alors que se formèrent ces vallées, ces gorges sans nombre qui font de la Suisse saxonne un pays si pittoresque et si sauvage, et ces galeries souterraines qui s'enfoncent dans les flancs des montagnes, et ces énormes crevasses qui les déchirent en tous sens. Ajoutons à cela que le terrain prédominant de ce pays est le grès, celle de toutes les formations qui donne aux montagnes et aux rochers les configurations les plus bizarres; on dirait de hautes murailles, de massives pyramides, des tours audacieuses qui s'élancent du sein des vallées. Entre des rochers dont vous admirez l'étrange accouplement, s'étend une gorge où la plante peut à peine se développer librement, où le voyageur assez hardi pour la traverser manque à tout moment d'air et d'espace. Et ces ponts jetés sur les rochers, ces arcs majestueux sous lesquels passe la vallée, ces grottes profondes dont les montagnes sont percées, n'hésite-t-on pas à y voir l'ouvrage de la nature? Tout cela semble plutôt avoir été fait de mains d'homme, de même que ces gigantesques colonnes de grès, de basalte, de granit, semblent être les restes d'antiques et vastes constructions. L'Elbe, dans son passage à travers la Suisse saxonne, baigne tantôt des rives, dont aucun arbrisseau, aucune plante ne vient couvrir la nudité, et que des rochers sauvages et déserts font paraître plus tristes encore; tantôt des rives riantes, que le travail de l'homme a dotées d'une riche végétation. De petites rivières, descendues des montagnes, serpentent dans des vallées tortueuses et sombres.

C'est de Dresde que partent la plupart des voyageurs qui vont visiter la Suisse saxonne; ce fut donc là que nous nous mîmes en route pour entreprendre notre première tournée, qui devait nous faire voir successivement Pilnitz, Lohnen, le Bastion, Neurathen, Wehlen, Hohenstein, Stolpen et Schandau. Cette dernière ville, centre de la Suisse saxonne, nous servira à son tour de point de départ pour nos autres promenades.

Depuis que la curiosité amène tous les ans dans ce pays un si grand nombre de visiteurs, les habitans ont rivalisé de zèle et d'efforts pour rendre les communications plus faciles et plus agréables. Pirna, Wehlen, Konigstein, Schandau, Hohenstein, Neustadt et Schnitz possèdent de beaux et vastes hôtels, où les voyageurs les plus difficiles ne manquent jamais de revenir. Les bourgs, les villages, les moulins même que l'on rencontre çà et là dans les vallées ou sur la pente des montagnes, offrent un gîte commode au piéton égaré, qui y trouve, outre un repas frugal mais sain, l'accueil le plus gracieux et le plus désintéressé. Souvent, dans une hutte isolée on est traité tout aussi bien que dans certaines auberges en renom. A Dresde, à Pirna, à Wehlen, à Schandau, à Herrnskretschen, on trouve à tout moment des gondoles pour descendre ou remonter l'Elbe; dans l'été, tous les dimanches après midi, il en part une de Rathen pour Dresde, où elle arrive le soir; le moment du départ est annoncé par un drapeau blanc qu'on arbore sur le haut du Bastion. Pirna et Schandau envoient aussi toutes les semaines plusieurs bateaux à Dresde, outre les diligences qui s'y rendent le lundi, le mercredi et le samedi. Partout on vous procure des guides intelligens et qui connaissent parfaitement leurs montagnes; dans plusieurs parties de la Suisse saxonne, on chemine à dos d'ânes. Le gouvernement s'est aussi occupé de ce beau pays: par ses soins les sommets de plusieurs montagnes sont devenus accessibles aux voyageurs, des communications se sont ouvertes entre quelques villes qui autrefois se trouvaient comme perdues au milieu des rochers, des bancs et des pavillons ont été placés le long des routes, partout enfin l'art s'est associé à la nature sans rien lui ôter de sa simplicité et de ses charmes.

Première Promenade.

Pilnitz. — Lohmen. — Le Bastion. — Neurathen. — Le Canapé. — Wehlen. Hohenstein. — Stolpen.

Nous partîmes de Dresde par une belle matinée de printemps. Notre voiture nous emporta avec la rapidité de l'éclair à travers une foule de villages; il semblait que chevaux et conducteurs eussent, comme nous, hâte de humer le bon air qui nous attendait dans les vallées de la Suisse saxonne. Ces villages d'ailleurs n'offraient rien de bien intéressant : des maisons couvertes en paille ou en briques, et percées en guise de fenêtres de petites ouvertures par lesquelles un enfant pourrait à peine passer la tête; par-ci, par-là, s'arrêtant sur notre passage, quelques paysans en longues camisoles de toiles, voilà tout ce qu'il nous fut permis de voir. Au bout de deux petites heures nous nous trouvâmes sur les bords de l'Elbe; un pont volant nous conduisit sur l'autre rive. Notre guide nous engagea à descendre, car nous étions devant le château de plaisance du roi de Saxe, près de Pilnitz, qu'aucun voyageur ne manque de visiter.

Château de Pilnitz; Vallée de Friedrich; Montagne de Borsberg; Liebethaler-Grund (Vallée d'amour), et le Moulin appelé le Lobmühle.

Le château de Pilnitz, bâti au commencement du XIIIe siècle, devint en 1818 la proie des flammes, et on fut obligé de le reconstruire en entier. On y admire d'abord la salle à manger, vaste pièce qui occupe à elle seule tout un corps de bâtiment, et dont la coupole, supportée par vingt colonnes, est enrichie de délicieuses peintures à fresque. Les appartemens du roi, situés dans le *Bergpalast* (palais de la montagne), et ceux de la reine dans le *Wasserpalast* (palais des eaux), sont meublés avec un goût parfait, et renferment un assez grand nombre d'objets précieux. Dans la chapelle, nous nous arrêtâmes avec intérêt devant une suite de beaux tableaux peints par Vogel, et représentant les circonstances les plus remarquables de la vie de la sainte Vierge. Le parc nous parut immense: on y trouve, entre autres choses dignes de fixer l'attention, une admirable Vestale en marbre de Carrare, et un charmant pavillon renfermant une collection de tableaux et d'objets d'histoire naturelle.

Quant à l'histoire de ce château, on sait que dans l'origine il appartint successivement à plusieurs familles nobles. Plus tard il fut acheté par le souverain du pays. Donné par Jean-Georges IV de Saxe à mademoiselle de Neidschütz, sa maîtresse, il redevint, à la mort de cette dernière, propriété de la couronne. Auguste-le-Fort en fit présent à la fameuse comtesse de Cosel; Auguste II l'ayant repris, fit élever les deux bâtimens connus sous le nom de *Berg-Palast* et de *Wasser-Palast*, auxquels le roi actuel a encore ajouté le château neuf.

Autrefois on y montrait, dans un pavillon appelé pavillon de Vénus, le portrait de la fameuse comtesse de Cosel, maîtresse d'Auguste II. Je demandai à le voir, mais on me répondit avec un air mystérieux que le roi actuel, épris de cette image de la comtesse, l'avait fait placer dans son propre appartement. Cependant il restait encore dans ce pavillon plusieurs portraits de femmes, qui s'étaient rendues célèbres à d'autres titres que la comtesse de Cosel : c'étaient, entre autres, Marie Stuart, la belle Aurora Kœnigsmark, mesdames Denhof, Diskau, Teschen, Lubomirski, Fatime, Estelle, etc. Nous renverrons ceux qui seraient curieux de connaître l'histoire de ces différens personnages à l'ouvrage intitulé *la Saxe galante*.

En 1791 toute l'Europe avait les yeux fixés sur Pilnitz. Léopold II et Frédéric-Guillaume y avaient accueilli le comte d'Artois et l'ex-ministre Calonne, et là se décida cette fameuse croisade contre la France, dont les résultats furent si funestes pour la Saxe. En 1812, Napoléon se trouvant à Pilnitz, dit : « C'est ici que je suis né. » Pilnitz fut le théâtre de son plus beau triomphe; il y parut encore plus puissant et plus glorieux qu'à Erfurth. Non seulement il avait sous ses ordres une armée de six cent mille hommes, composée de presque toutes les nations de l'Europe, n'attendant qu'un mot de sa bouche pour voler à la conquête du reste du monde; mais l'empereur d'Autriche, le roi de Prusse, les princes de la confédération du Rhin, venaient le saluer à son lever et grossir la foule de ses courtisans. La Russie elle-même abaissait devant lui son orgueil.

Pilnitz est sur la frontière de la Suisse saxonne. Là commencent les montagnes, les vallées, les gorges; mais ces vallées sont riantes et fertiles, mais sur la pente de ces montagnes la main de l'homme a semé l'abondance et la vie. Du château de Pilnitz, un chemin tortueux conduit sur le haut d'une montagne voisine, devant un vieux château qui, bien qu'à demi ruiné, contient encore quelques appartemens dont l'élégance ferait croire qu'on se trouve dans un château bâti d'hier. De là vous découvrez Pilnitz et ses environs, et toute la vallée de l'Elbe. Après avoir contemplé quelque temps ce magnifique paysage, nous nous remîmes en marche. En suivant un étroit sentier qui nous promena par mille détours à travers une forêt assez longue, nous entrâmes dans la vallée de *Friederick*, où un spectacle vraiment imposant nous fut offert : une rivière affluent de l'Elbe s'y précipite d'une hauteur de cent trente-huit pieds; et c'est, je vous l'assure, quelque chose de beau à voir et à entendre que cette chute d'eau au milieu de cette vallée déserte. Nous arrivâmes bientôt, toujours par le même sentier, sur le sommet de la montagne de Borsberg, énorme masse de granit qui s'élève à plus de onze cent pieds. On trouve là pour se reposer un endroit délicieux : c'est une grotte dans laquelle on a disposé un petit appartement des plus élégans et des plus commodes. L'aubergiste (car cette grotte n'est rien moins qu'une auberge) est un homme poli, complaisant et d'une humeur enjouée; et si sa table est un peu frugale, il vous en dédommage par l'empressement et la bonne grace qu'il met à vous servir et à faire les honneurs de sa maison. Après que nous eûmes pris une légère collation, il nous mena, par un escalier caché derrière de gros fragmens de rochers, sur la plate-forme de la grotte, et là nous engagea, en se frottant les mains d'un air de satisfaction, à jeter les yeux autour de nous. Ma foi, j'avoue que je n'avais encore rien vu de plus ravissant. Toute la vallée de l'Elbe, depuis le Winterberg jusqu'à Missen; à gauche, une longue suite de montagnes dont la tête semble toucher le ciel; à droite, le pays que je venais de parcourir, et sur lequel je me plus à jeter un dernier regard; et puis dans le lointain, semblant se confondre avec les nuages, l'Erzgebirg, le Rosenberg, et les rochers qui avoisinent Zittau.

Pendant que j'étais à contempler tout cela, arriva un autre voyageur, qui après avoir salué l'aubergiste vint sans façon s'asseoir à côté de moi. C'était un jeune homme, qui me parut avoir à peu près mon âge. Une figure pleine et fraîche, une physionomie ouverte, un air dégagé, et l'embonpoint que son corps commençait à prendre, me firent juger que j'allais avoir à faire à ce qu'on appelle un bon vivant. Il y avait dans le sourire avec lequel il m'aborda quelque chose de si franc et de si bon, que je me sentis tout de suite à mon aise avec lui. La conversation ne tarda pas à s'engager. Il m'apprit qu'il était allemand, et qu'il habitait depuis quelques années la Suisse saxonne. « Vive la campagne, me dit-il, avec son air pur, avec sa vie simple et indépendante! Les villes, ne m'en parlez pas; c'est un séjour que j'ai toujours eu en horreur. La vue de ces fossés, de ces remparts, de ces pont-levis m'attriste; et puis le beau plaisir que d'entendre à tout moment le roulement du tambour? J'aime mieux, je vous l'avoue, le chant du rossignol. Pour le citadin toutes les saisons se ressemblent; seulement il a plus chaud l'été et plus froid l'hiver. Moi, je veux que ce soit, non mon thermomètre ou mon tailleur, mais la visite de l'hirondelle, mais le parfum du lilas et de la violette, mais la renaissance des feuilles et les chants joyeux des laboureurs qui m'annoncent que le printemps est de retour. Et qu'y trouve-t-on, dans vos villes? D'une part l'égoïsme et l'adulation, de l'autre la coquetterie et la vanité. On s'y aborde le sourire sur les lèvres et la haine dans le cœur; tel à qui le matin l'on a serré la main, devient le soir l'objet de vos médisances. Dans les villes on ne croit à rien, on ne tient à rien, et la sensibilité y est regardée comme un ridicule. Vos sociétés, dont on fait tant de bruit, sont comme ces bals masqués où chacun est forcé d'endosser le même domino; l'homme ne peut et ne doit s'y montrer qu'à l'extérieur; on ne lui demande point à la porte s'il est juste, bienfaisant, sincère, s'il croit au patriotisme, à l'amitié : on exige seulement qu'il soit aimable, et vous savez comme moi ce que ce mot *aimable* signifie. Nos ancêtres considéraient les villes comme le siège des vices et de l'esclavage, et cependant ils étaient bien loin, ces bons Germains, de connaître et même de pressentir cette foule de mauvaises passions, de désirs vicieux qui empoisonnent aujourd'hui notre existence. Lisez la peinture que Tacite nous fait des Germains. Pour moi, je suis venu m'établir ici, et j'y veux vivre et mourir; car j'y trouve tous les charmes de la campagne et toutes les commodités de la ville. »

Ce jeune homme me plaisait, et j'aurais voulu rester avec lui plus long-temps. Mais notre route n'était pas la même, et nous fûmes forcés de nous séparer. Je fis mes adieux au bon aubergiste, et après avoir cheminé quelque temps à travers une forêt, nous entrâmes dans la vallée de Liebethaler-Grund.

Cette vallée, traversée par la petite rivière de Weseritz, est remplie de carrières, que l'on est continuellement occupé à exploiter; ils ont un rude travail à faire, ces pauvres tailleurs de pierre! Lorsque après des semaines, des mois entiers de pénibles efforts, ils sont enfin parvenus à détacher de la masse un morceau de roc (ou *satz*, comme ils l'appellent), on tremble qu'il ne tombe de tout son poids sur un de ces malheureux, qu'il ne le broie en roulant avec lui du haut de la montagne. Cela s'est vu quelquefois!.... Aussi quand le bonheur veut que rien de semblable n'arrive, quand le morceau taillé tombe sans accident et s'arrête aussitôt, quels cris de joie! quel enthousiasme! C'est qu'alors ils sont sûrs, les pauvres gens, d'avoir du pain au moins pour quelques jours; et vite, les voilà qui vont se réjouir et célébrer la fête des *steinmetz* (tailleurs de pierres). C'est des vallées de la Suisse saxonne qu'on extrait la pierre connue sous le nom de *Pirnaerstein*. Il y a au dessus de la porte de la dernière maison d'Iessen une inscription qui porte qu'on ne doit pas toucher aux outils des ouvriers, et encore moins les faire résonner en lançant des pierres dessus, sous peine de payer un pour-boire. Mais gare surtout à l'imprudent qui se mettrait à crier dans ces montagnes : *lauf zu* (sauve-toi), signal par lequel les ouvriers avertissent que le morceau de roc qu'ils viennent de scier est près de tomber! Ils courraient tous après lui, et ne le quitteraient qu'après l'avoir entièrement dévalisé. Il est vrai que ce cri proféré devant eux serait, non plus un badinage, mais une bien cruelle ironie. C'est que c'est un dur métier que le leur et un métier qui tue vite. Avalant chaque jour je ne sais combien de livres de poussière, et cherchant à oublier l'excès de la chaleur et de la fatigue dans l'excès de la boisson, il est bien rare qu'ils parviennent jusqu'à cinquante ans. Tous les ans, ces pauvres diables ont à suivre le convoi d'un grand nombre de leurs frères morts long-temps avant l'âge. Ces tailleurs de pierre sont exempts du service militaire; ils gagnent à peu près 2 écus de Prusse par semaine. Leur nombre total dans la Suisse saxonne est d'environ six cents, sans compter les veuves et les orphelins, qui sont bien plus nombreux encore. Au reste, ces carrières, dont les pierres vont tous les ans, par l'Elbe, en Hollande, en Danemark, et plus loin encore, rapportent presque autant que les célèbres mines d'argent de Freyberg. Depuis près de mille ans déjà, ces pierres ont été employées pour construire des palais, des ponts, des églises, des remparts : mais on peut dire que tous ces beaux monumens sont couverts d'autant de sueur et de sang des pauvres ouvriers, qu'on peut bien appeler les nègres blancs, qu'il y a de sueur et de sang des noirs attaché au beau sucre des Indes-Occidentales.

Mais arrachons-nous à ces tristes pensers, et reprenons notre route à travers le Val d'Amour (le Liebethaler-Grund). Voici les villages de Liebethal et de Mühlsdorf qui s'élèvent sur la pointe d'un rocher. De là l'œil plonge avec effroi dans une gorge profonde dont le silence n'est interrompu que par le bruit d'un moulin appelé le Lohmühle, bâti près d'une petite rivière qui s'est frayé un chemin à travers les roches de grès et de granit. On ne saurait imaginer un endroit plus sombre, plus triste, plus sauvage, et vraiment il faut avoir bonne envie de tout voir, il faut être né voyageur, pour se décider à descendre dans cette espèce de trou. Eh bien! non seulement j'y suis descendu, mais j'y suis même resté plusieurs heures, et ce temps m'a semblé bien court. Faites comme moi, et vous n'en aurez nul regret, car vous trouverez dans le moulin une meûnière vraiment fort appétissante et qui vous recevra de l'air le plus gracieux du monde. Elle vous fera voir son petit logement, et vous serez frappé de l'excessive propreté qui y règne, comme aussi du goût qui a présidé à l'arrangement de son jardinet. Si vous partagez ma passion pour les *pfannekuchen* (gâteaux), vous serez bien tombé : on n'en mange pas de meilleurs chez le pâtissier de la rue du Coq. Vous aurez encore des œufs frais, d'excellent fromage, et la bonne meûnière ira devant vous traire sa vache pour pouvoir vous offrir une terrine pleine de lait chaud. Pendant le repas, elle viendra s'asseoir à côté de vous avec son rouet ; elle vous parlera de son ménage, de ses travaux, de son bonheur ; elle vous racontera, si vous le désirez, toutes les traditions du pays ; et en la voyant si enjouée, si active, si fière surtout de sa petite propriété, vous sentirez qu'on peut être heureux au fond d'une gorge déserte tout aussi bien qu'au sein de la plus brillante capitale.

Je me disposais à partir, lorsque tout-à-coup il vint à tomber quelques gouttes d'eau qui furent bientôt suivies d'une épouvantable averse. On eût dit qu'un nouveau déluge allait tout engloutir. Plusieurs personnes, qui étaient à se promener aux environs, vinrent se réfugier dans le moulin. Comme la pluie ne paraissait pas près de cesser de sitôt, il nous fallut bien prendre notre parti en braves ; le meilleur était de chercher à tuer le temps, et nous étions assez de monde pour en venir facilement à bout. On se rapprocha donc les uns des autres, on commença par rire du contretemps qui venait de nous réunir, et bientôt la conversation devint générale. Parmi nous se trouvait un jeune Allemand à qui la langue française paraissait très familière; il avait vu Paris, Bordeaux, Lyon, et connaissait parfaitement le caractère français. La conversation roulait sur la littérature, sur les arts, sur la civilisation en général, et nous comparions sous ce rapport la France et l'Allemagne. Je fus fort étonné d'entendre mon jeune Allemand parler de tous nos grands écrivains; il les connaissait, non comme les connaissent un trop grand nombre de François, par les citations des journaux et les critiques plus ou moins justes des feuilletonistes, mais par une étude consciencieuse de leurs ouvrages.

Que le lecteur me permette de reproduire ici notre discussion; et pour qu'elle ne l'ennuie pas trop, qu'il se figure qu'il est emprisonné comme nous dans un étroit moulin, par un temps à ne pas mettre dehors, comme dit Shakespeare, le chien de son ennemi; car lorsqu'il pleut,

Que faire en un moulin, à moins qu'on n'y discute?

« Messieurs, dis-je en m'adressant à la compagnie, je crois intéressant d'examiner jusqu'à quel point sont fondés les reproches que s'adressent réciproquement les Allemands et les Français. Il est vrai qu'il est difficile de s'établir juge entre deux nations dont la langue est si différente. Vous le savez, rien ne rapproche plus les hommes que la communauté de langage. Que le voyageur ou l'exilé rencontre un homme qui parle la même langue que lui, son cœur se dilate, ses yeux se mouillent : il a retrouvé son pays, ses amis, sa famille, ses souvenirs d'enfance et de jeunesse, en un mot, tout ce qui peut faire chérir l'existence. Mais lorsqu'il entend un idiome qui n'est pas le sien, son cœur se referme, et il se sent seul au milieu de cette foule qui l'entoure.

» C'est au moyen de la langue, reprit à son tour le jeune Allemand, que l'ame communique ses sentimens et ses pensées; la langue d'un peuple nous donne toujours la mesure du degré de culture et de civilisation où ce peuple est parvenu. Dans la langue allemande, si riche, si énergique, mais en même temps si vague dans ses définitions, se réfléchit parfaitement le caractère profond, réfléchi, mais peu arrêté de nos compatriotes; de même le Français se peint tout entier dans sa langue à la fois simple et polie, gracieuse et correcte. Je connais peu d'écrivains allemands qui n'aient pas emprunté de temps à autre des mots étrangers. Le caractère grammatical de la langue allemande est aussi peu déterminé que le caractère politique du citoyen; il règne dans notre littérature une polycratie semblable à celle que présentaient autrefois les divers états de l'Allemagne; Schiller, Goëthe, Wieland, Herder, Jean Paul, Schelling, Fichte, et tant d'autres dont les noms sont également célèbres, formeraient un sénat dont les élémens seraient tout aussi hétérogènes que l'étaient ceux de la diète de Ratisbonne.

» Il me semble, dis-je, qu'en Allemagne on fait trop peu attention au style d'un écrivain; cela vient de ce que l'Allemand préfère le fond à la forme. A force de vouloir être profond, il devient diffus, minutieux, inintelligible. Mais le langage est pour la pensée plus que l'habit n'est pour le corps, et l'on aurait grand tort de ne voir dans le style qu'un simple ornement. Si, en partant de ce principe, nous établissons un parallèle entre les Allemands et les Français, nous voyons que les premiers se livrent de préférence à des ouvrages sérieux et de longue haleine, où ils peuvent étaler à loisir toute leur érudition ; les autres, au contraire, cherchent à plaire, à séduire, à émouvoir : c'est à l'esprit et au sentiment qu'ils s'adressent. L'Allemand est avant tout positif ; il compulsera des milliers de volumes, il secouera la poussière de tous les vieux manuscrits, et rien ne lassera sa patience. Aussi avons-nous vu la jurisprudence, la théologie, et cette partie de l'histoire qui examine avec une attention scrupuleuse tous les faits, nous avons vu, dis-je, ces sciences faire en Allemagne d'immenses progrès. L'Allemand tient tant à dire la vérité, et toute la vérité, qu'il ne vous fait grace d'aucun fait, d'aucun détail. Il dédaigne même de soigner son style, tant il a peur qu'on ne l'accuse de vouloir tromper ou séduire son lecteur. Il a de vastes connaissances, mais il sait rarement en tirer parti, et plus rarement encore s'en servir à propos. Le Français a le talent de faire prendre quelquefois l'apparence pour la réalité, tandis que l'Allemand, tout en disant la vérité, a souvent de la peine à se faire croire. L'Allemand découvre l'or brut, mais c'est le Français qui le transforme en monnaie et le verse dans la circulation.

» Au reste, repris-je, notre but n'est pas et ne saurait jamais être de tracer le caractère de ces deux nations, de signaler leurs qualités et leurs défauts, pour savoir laquelle des deux l'emporte sur l'autre. Ce serait renouveler l'ancienne querelle des quatre facultés. La différence qui existe entre les mœurs, le caractère, le langage et le génie de deux peuples, quelque grande qu'elle soit, ne les empêche point d'être tous deux également estimables, et de remplir avec un égal succès le rôle que leur a assigné la Providence.

» Aucun peuple civilisé ne songera jamais à nier le génie de Corneille, de Racine et de Voltaire; leurs ouvrages vivront éternellement. La nation française occupe un des premiers rangs parmi les nations, et dans presque toutes les sciences, dans presque tous les arts elle a des noms qu'elle peut opposer aux plus grands noms de l'antiquité et des temps modernes. Cependant cela ne prouve point que les Allemands soient des barbares; et certes Montesquieu, Corneille, Racine et Voltaire ne croiraient pas avoir à rougir de leur parenté intellectuelle avec Herder, Schiller, Goëthe et Schelling. »

Le sujet que nous traitions nous aurait menés bien loin; mais pendant que nous étions à discourir le temps s'était remis au beau, et toute la société se précipita joyeuse hors du moulin. Je saluai la gentille meunière; et donnant à mon jeune Allemand une poignée de main qui fut cordialement reçue, je ne le quittai qu'après lui avoir fait promettre de venir me retrouver le lendemain sur le *canapé*.

Lohmen; Ottowalden-Grund; Teufels-Kueche (la Cuisine du Diable); Kaisers-Nase (le Nez de l'Empereur).

En continuant à longer la rivière de Weseritz, on voit les masses de montagnes et de rochers devenir encore plus gigantesques et plus sauvages. Bientôt cependant on arrive dans la jolie petite ville de Lohmen, dont le vieux château ajoute beaucoup au charme du paysage. Dans cette ville, celui dont la femme vient d'accoucher a le droit de vendre de la bière pendant six semaines; aussi les femmes de

Lohmen tiennent-elles beaucoup plus à faire leurs six semaines de couches que nos petites maîtresses les plus délicates. Lohmen est bâti sur le dos d'un énorme rocher de grès, que traverse une profonde crevasse. De l'autre côté de la ville, les rocs se groupent d'une singulière façon, et finissent par se rapprocher tellement que le passage se trouve tout-à-fait intercepté; il ne reste plus qu'une espèce de trouée, à travers laquelle se jettent en grondant les eaux écumantes de la rivière. Mais derrière un moulin qu'on aperçoit à quelques pas de là, se présente un autre chemin, qui conduit au château en passant par de rians jardins. A côté de ce château, d'où l'on jouit d'une admirable perspective, est une église rustique, la plus remarquable dans son genre de toute la Saxe.

L'origine de Lohmen est très obscure. Au XVe siècle cette ville appartenait à la famille de Chlumen, qui la céda aux princes de Schoenberg; dans le siècle suivant, elle devint la propriété du duc Maurice de Saxe. Après la mort du prince électeur Georges II, son épouse s'y retira pour y passer en paix le reste de ses jours; et depuis cette époque Lohmen est une dépendance de la Saxe.

Il reste encore du vieux château de Lohmen deux corps de bâtimens réunis par une terrasse, du haut de laquelle on découvre la ville et une grande partie de la vallée de l'Elbe. Au milieu de cette terrasse on lit une inscription destinée à perpétuer la mémoire d'un événement assez singulier, que vous entendrez raconter par tous les habitans de Lohmen. Un jour, après son travail, un jeune paysan était monté sur la terrasse pour pouvoir dormir à son aise. Son sommeil fut long, car lorsqu'il se réveilla il faisait tout-à-fait nuit et une nuit des plus obscures. Il se lève pour regagner son logis; mais il ne sait de quel côté se diriger, car il ne voit goutte. Enfin il se décide à marcher à l'aventure; mais à peine a-t-il fait quelques pas que le pied lui manque, et le voilà qui roule tout le long du rocher jusqu'au fond de la vallée. Mille autres y seraient arrivés morts et en lambeaux; lui en fut quitte pour quelques contusions, et quelques jours après, dit l'inscription, il retournait à son travail comme si de rien n'avait été.

Dans la sombre vallée d'Ottowalder-Grund, où nous entrons maintenant, il y a un point où les roches forment une gorge si étroite qu'un homme un peu gros ne pourrait y passer. Rien de plus pittoresque, de plus romantique que cette vallée. Les enthousiastes de la mythologie grecque y verraient peut-être le point de départ des géans pour escalader le ciel; nous, nous voyons tout simplement dans ce bizarre amalgame de rocs et de crevasses la puissance expansive des forces centrales de la terre qui ont soulevé et fendu son écorce. Plusieurs croix en bois plantées là de distance en distance portent les noms des malheureux bûcherons qui ont trouvé la mort à ces mêmes places, et la date de ces déplorables accidens.

Parmi les grottes ou cavernes que la nature a creusées dans ces rocs, on remarque la *Teufelsküche* (cuisine du diable), la plus profonde et la plus noire de toutes; c'est là principalement qu'en temps de guerre les habitans de la vallée viennent cacher leurs meubles ou ce qu'ils peuvent avoir de précieux.

Au dessus du village de Vogelsang est un roc qui s'avance en pointe et qu'on appelle *Kaisers* ou *Koenigs-Naze* (le nez de l'empereur ou du roi). En effet ce roc figure un nez vraiment royal, mais je ne sais pourquoi on veut à toute force y découvrir le profil de Louis XVI.

C'est dans cette vallée d'Ottowalder-Grund que le botaniste commence ses herborisations. Son bouquet sera riche et varié, car un grand nombre de genres et d'espèces se présenteront à lui. De même que les animaux choisissent leur gîte, les plantes aussi ont des endroits qu'elles préfèrent : les unes se retirent modestement dans le fond des vallées ; les autres s'élancent sur la cime des montagnes, et vont braver les feux du soleil ; là, se cramponnant à une motte de terre toute brûlée, on les voit étendre leurs branches, étaler leurs feuilles, pour se nourrir de l'air et des matières qu'il contient. S'il cherche les phanérogames (plantes à fleurs et à parties sexuelles bien développées), le botaniste trouvera les nombreuses espèces de la famille des rosacées et des onagras, les thymélées, les innombrables graminées. Il cueillera surtout *la melica uniflora*, *la viola palustris biflora*, *l'hedera helix*, *l'atropa belladonna*, *la sanicula europea*, *la Daphne mezereum*, *le chrysosplenium oppositifolium*, *le silene gallica*, *le rubus idæus hirtus*, *le stachys sylvatica*, *le sisymbrium arenosum*, *le cytisus nigricans*, *l'hypericum quadrangulare dubium*, *le prenanthes muralis*, *le cnicus heterophyllus*, *le tussilago alba*, *le senecio nemorensis*, *le carex tomentosa*, *la lunaria rediviva*, *l'hieracium ramosum*. Mais notre savant portera aussi ses pas investigateurs dans les grottes ; il soulèvera les pierres, il interrogera d'un œil avide jusqu'aux fentes des rochers. Et alors lui apparaîtront *l'aspidium aculeatum*, *le lycopodium selago*, *le gymnostomum pennatum*, *le sphagnum squarrosum*, *la weissia fugax crispula*, *le cynodontium longirostre*, *le didymodon homomallus*, *le trichostomum aciculare*, *le dicranum undulatum*, *l'orthotri-*

cum *Ludwigii*, le *polytrichum urnigerum*, la *pohlia acuminata*, l'*hyprum myosuroides*, *murale*, *loreum*, *undulatum*; la *jungermannia tamarisci*, *pallescens*, *trichomanes*, *deflexa*, *albicans*, *emarginata*, *quinquedentata*, *sphagni*, *lanceolata*, *pinguis*; la *lecidea lithophila*, la *variolaria lactea*, la *lecanora glaucoma*, la *parmelia caperato*, le *sphœrophoron compressum*, etc., et beaucoup d'espèces que sans doute il ne connaît pas encore.

Bastion; Al-Rathen; Neu-Rathen; Amalgonde (tradition); le Canapé.

Mais pendant que le botaniste contemple amoureusement ses trésors, montons sur le sommet du Bastion pour pouvoir embrasser d'un coup d'œil l'ensemble de ce singulier panorama. Comptons les pointes des rochers, les crevasses qui les séparent, comme là bas, dans la vallée, le botaniste compte les étamines de ses fleurs; analysons dans tous ses détails le riche paysage qui se déroule sous nos yeux, comme il analyse les diverses plantes dont sa boîte est déjà remplie. Devant nous voici l'Elbe, qui se promène lentement et avec majesté autour de ces montagnes, au milieu de ces verdoyantes prairies; sur ses rives se présentent Rathen et Wehlen que les voyageurs aiment tant à visiter; un peu plus loin s'élèvent le Baërstein, le Kœnigstein, le Lilienstein, roches célèbres dans le pays, mais que surpassent encore le Pfaffenstein, le Kuppelberg et le Zschirnstein. Là bas enfin, sur le territoire de la Bohême, le Schneeberg et le Sattelberg se dessinent du milieu des nuages. Remarquez encore cette masse gigantesque, ce cône arrondi, le Rosenberg, qui repose dans le lointain derrière le grand Winterberg. Vers le nord-est, sur les rochers escarpés de Rathen, se montre le château de Hohenstein, et plus bas la ville du même nom. Placés comme nous le sommes au milieu de toute cette nature bizarre, profitons de notre position, et que rien ne nous échappe. Franchissons du regard l'horrible précipice qui nous sépare du Neu-Rathen, et voyez là bas, dans la rivière, cet énorme pilier : il supportait autrefois un pont qui joignait le château de Neurathen au Bastion et au Bathewald. Mais gare au vertige, car la place où nous sommes n'a pas huit pieds de large, et la tête tourne vite quand on regarde de si haut. Descendons plutôt dans cette auberge isolée que nous voyons devant nous, et où nous trouverons à coup sûr une nombreuse société de voyageurs saxons. Tout le beau monde de Dresde s'y donne rendez-vous. Les dimanches surtout on y vient en foule, et de brillans équipages remplissent les avenues de l'auberge, où ces jours-là on est toujours parfaitement traité.

En traversant la forêt, on arrive au pied d'un rocher sur lequel est situé le château de Rathen. Aucun voyageur ne manque d'y monter, car on jouit de là d'une vue vraiment admirable. Et puis il existe sur ce château de Rathen une tradition populaire, qui revêt encore ses vieux murs d'un intérêt puissant. La voici.

« Il y a long-temps, bien long-temps de cela, avant que le flambeau du christianisme eût pénétré dans ces montagnes habitées par les Sorbes, un vieux chevalier, dont la tradition ne nous a pas conservé le nom, vivait avec son fils bien-aimé et sa fille Amalgonde dans le château de Weesenstein, en Bohême. Sincèrement attaché au christianisme, il mettait toute sa gloire à verser son sang pour ses co-religionnaires, et à empêcher les irruptions des païens. Un jour son fils, s'étant égaré à la chasse, fut obligé de demander l'hospitalité au maître du château de Rathen. Celui-ci, tout païen qu'il était, le reçut de la manière la plus gracieuse; et le jeune homme pour répondre à son accueil, l'invita à l'accompagner au château de son père. A la vue du chatelain de Rathen, dont la jeunesse, la figure et le langage commandaient à la fois la confiance et l'affection, le vieux chevalier, malgré sa haine pour tout ce qui n'était pas chrétien, consentit à ce qu'il devînt l'ami de son fils; il l'engagea même à venir les voir souvent, dans l'espoir de le convertir enfin à la vraie foi. Mais son éloquence, jointe à celle du chapelain de Weesenstein, ne put convaincre le jeune Sorbe. Les beaux yeux d'Amalgonde eurent plus vite touché le cœur de l'incrédule que toutes les pieuses paroles des deux chrétiens; il l'aima, et bientôt la jeune fille le paya de retour. Le chapelain, homme adroit et rusé, ayant découvert cette passion naissante, en fit part à son maître. Le bon vieillard, persistant dans ses projets de conversion, résolut d'unir les deux jeunes gens, à la condition que le chatelain de Rathen se ferait chrétien. Il eut beau faire, il ne put l'obtenir. Dès-lors les portes du château de Weesenstein furent fermées à l'obstiné païen; un cheval fut sellé pour transporter Amalgonde dans des contrées éloignées, et la jeune fille partit, accompagnée de son père et de deux chevaliers.

« Quelle ne fut pas sa douleur en s'éloignant de ses montagnes, de ses chères montagnes témoins des jeux de son enfance et de son premier amour! Ses beaux yeux étaient baignés de larmes, et de son cœur brisé s'échappaient pour son amant de longs et tristes soupirs. A peine la petite caravane a-t-elle fait deux lieues, qu'une bande de Sorbes s'élance du fond de la forêt, se jette sur le vieux chevalier qu'elle désarme ainsi que ses deux serviteurs, s'empare de leurs chevaux, et se sauve, emmenant avec elle Amalgonde évanouie.

» Vaincu, deshonoré, privé de son enfant, le chatelain de Weesenstein revint chez lui brûlant de colère et du désir de se venger. Il rassemble tous ses soldats, tous ses amis ; il invite les prêtres chrétiens à dire des prières pour le triomphe de sa cause. Une foule de chevaliers viennent de tous les côtés lui offrir leurs bras. A la tête d'une puissante armée, il passe l'Elbe, jurant d'exterminer tous les païens. On arrive bientôt devant Rathen, où le Freya avait uni les deux amans aussi bien que l'aurait pu faire la bénédiction d'un prêtre chrétien. Amalgonde paraît sur le balcon du château, et de là, à genoux, les mains jointes, elle supplie son père de bénir son union avec le chatelain de Rathen, lui promettant que celui-ci désirait embrasser le christianisme ; mais rien ne peut fléchir le vieux chevalier : il envoie à Amalgonde sa malédiction, et la condamne à périr. *Pendant deux mois le château résiste aux efforts des assaillans. Mais une nouvelle armée arrive de Bohême : déjà deux tours sont tombées, et les chrétiens vont être vainqueurs. Alors le Sorbe, sa femme, ses serviteurs, sortent pendant la nuit du château, par un chemin souterrain connu d'eux seuls, et vont s'enfermer dans le château de Neu-Rathen. Le lendemain, les chrétiens entrent dans la résidence abandonnée et la livrent aux flammes. Cependant le peu de provisions que le Sorbe et ses gens avaient pu emporter dans leur fuite est bientôt épuisé ; la faim, l'horrible faim menace de les faire mourir tous. Des parlementaires sont envoyés au vieux chevalier ; ils parviennent jusqu'à lui en se glissant le long d'une planche qu'on a jetée sur le précipice ; mais au lieu de les écouter, l'inflexible vieillard les fait clouer sur le rocher qui regarde Neu-Rathen. A cette vue, le Sorbe s'adressant à sa troupe : « Les dieux, s'écrie-t-il, accueillent mieux les braves que ceux qui se livrent au désespoir; suivez-moi. » Il dit, et parcourant le château une torche à la main, il met le feu partout. Puis il descend avec son épouse. Amalgonde se prosterne, salue de loin son père d'un dernier adieu, se relève ensuite, embrasse son mari, et tous deux se lancent du haut de la montagne au fond du précipice. Tous leurs braves les imitèrent, et périrent avec eux. »

Aujourd'hui il n'existe plus du château d'Alt-Rathen qu'une tour ronde avec une cave. Il est très probable que ce château fut bâti par les Sorbes, et fortifié ensuite par les Germains. Nous savons qu'au XIIIe siècle il appartenait à Raubold de Niemancz, que plus tard il fut cédé avec Kœnigstein aux burgraves de Dohna, puis à l'électeur Ernest, et que le duc Albert le possédait en 1468. Le Neu-Rathen, dont la construction doit remonter au XIIe siècle, alors que Alt-Rathen ne se trouvait plus assez grand, passa dans les mêmes mains que ce dernier. Avant d'arriver aux ruines de ce château, on passe devant le Wachhausel (maison des sentinelles) et le Rosengarten (jardin de roses) : l'un est une caverne creusée dans le roc, l'autre un rocher qui s'avance sur la vallée et semble à tout moment près de tomber sur elle. La porte du château est formée par deux roches coniques verticales entre lesquelles il y a une largeur de cinq pieds. On y voit encore les trous dans lesquels s'adaptaient les barreaux de la grille. Sur le penchant de la montagne sont aussi des ruines : c'était, dit-on, la chapelle du château.

Enfin, un peu plus haut, l'on trouve ce que les gens du

pays appellent le *Canapé* : un banc naturel, formé par un bloc de rocher qui sans doute aura été renversé par la force des hommes pour le faire servir à cet usage.

De là la vue s'étend sur tout le bassin de l'Elbe ; on peut suivre de l'œil le cours du fleuve qui serpente avec grace à travers les montagnes. Presque à vos pieds sont les ruines d'Alt-Rathen ; au dessus de vous le Monchstein avec sa grotte, le Monchloch, qui probablement servait autrefois d'échauguette. On voit encore des traces d'appartemens, l'ouverture d'un puits qui a dû coûter des peines énormes à creuser, et plusieurs restes des anciennes fortifications.

Le jeune Allemand auquel j'avais la veille donné rendez-vous, ne tarda pas à arriver. Il était accompagné du garçon d'auberge du Bastion, qui portait dans un immense panier plusieurs provisions de bouche et quelques bouteilles de vieux Rüdesheim. « Vous voyez, me dit-il en riant, que je ne suis pas venu seul. — Et vous avez parbleu bien fait, lui répondis-je ; pour ma part, je vous annonce que je me sens un appétit dévorant. » Je n'avais pas eu le temps d'achever ma phrase que déjà tout le contenu du panier se trouvait étalé devant nous, et nos deux verres pleins jusqu'aux bords.

« A l'Allemagne ! m'écriai-je, en approchant le mien de celui de mon compagnon. — A la France, répondit-il en serrant celle de mes mains qui se trouvait libre ; et puissent les deux nations fraterniser un jour comme nous fraternisons en ce moment ! »

Notre déjeuner fut court, mais charmant. La dernière bouteille touchait à sa fin, et nous la vidâmes à la prospérité des bons habitans de la Suisse saxonne, ce qui nous fournit l'occasion de revenir à notre conversation de la veille.

« Voyez, dis-je à mon ami (car je me sentais déjà tout

disposé à lui donner ce nom), voyez ce peuple au milieu duquel nous nous trouvons aujourd'hui : n'a-t-il pas son caractère, ses mœurs, ses goûts à lui? et n'est-ce pas un fait remarquable et vraiment curieux que dans cette foule de nations répandues sur la surface du globe il n'y en ait pas deux qui se ressemblent? Le mahométan, tout entier aux plaisirs de l'amour, peuple son paradis d'un innombrable essaim de femmes jeunes et belles. Le Scandinave fait sortir chaque jour par chacune des cinq cent quarante portes de son walhalla huit guerriers armés de toutes pièces; ces guerriers se rejoignent tous dans une plaine immense, et là livrent à leurs ennemis un combat acharné; ils tuent et sont tués; puis, quand la cloche a sonné pour le repas du soir, les morts se relèvent, et tous, excitant du geste et de la voix leurs coursiers écumans, viennent s'asseoir autour de la table dressée pour eux, et boire de la bière dans les crânes de leurs ennemis vaincus. Eh bien! lequel faut-il admettre, du paradis de Mahomet ou du paradis d'Odin? La Vénus aphrodite, autour de laquelle voltigent les Amours, les Jeux et les Ris, n'a pu être imaginée que sous un ciel riant et chaud; la Vénus des Groenlandais ne pouvait pas ressembler à celle des Grecs. — Les sauvages de l'Amérique ont comme nous leur théâtre; les blâmerons-nous parce que leurs pièces ne sont pas taillées sur le même patron que les nôtres, et irons-nous leur dire que leurs danses et leurs pantomimes guerrières ne valent pas l'*Athalie* de Racine? Thespis, l'inventeur de la tragédie chez les Grecs, qui promenait ses acteurs de ville en ville sur un chariot, recevait autant d'applaudissemens qu'il s'en fait entendre de nos jours au Théâtre-Français de Paris.

— Mais où voulez-vous en venir? me demanda mon ami.

— A démontrer cette grande vérité, que le respect pour la nationalité et l'individualité est un devoir sacré pour l'homme. L'application de ce principe à la tragédie française et à la tragédie allemande sera facile : elles peuvent différer essentiellement l'une de l'autre, et néanmoins chacune des deux peut être parfaite pour la nation qui la voit représenter.

» La plupart de nos grands écrivains, reprit le jeune Allemand, rendent à la littérature française toute la justice qui lui est due ; ils n'en parlent qu'avec admiration. Goëthe a imité le *Mahomet* et le *Tancrède* de Voltaire ; Schiller, l'immortel auteur de *Wallenstein*, de *Marie Stuart*, de *Guillaume Tell*, de *la Pucelle d'Orléans* et de *Don Carlos*, a traduit la *Phèdre* de Racine. Les Français qui voyagent en Allemagne entendent parler purement leur langue dans toutes les bonnes sociétés ; il y a au moins un journal français dans tous nos cabinets de lecture, et l'on trouve des ouvrages français dans toutes les bibliothèques publiques ou particulières. Il s'en faut de beaucoup que la France en fasse autant à l'égard de l'Allemagne.

» — Mais la littérature allemande n'est pas la littérature française. — Vous avez parfaitement raison, mais qu'est-ce que cela prouve ? Une seule chose : que les Allemands ne sont pas des Français. Si la manière de sentir et de penser de chaque peuple dépend en grande partie de son organisation, de son éducation morale, de son éducation physique, pourquoi dédaigner tel ou tel peuple parce que ses goûts sont différens des vôtres ? Autant vaudrait désirer qu'il n'existât pas. Les Allemands n'ont pas de vin de Champagne, mais c'est chez eux que se récolte le Johannisberg, le Steinberger, le Rudesheim ; ils n'ont ni un Racine, ni un Molière, mais leur pays se glorifie d'avoir produit Klopstock, Wieland, Schiller, Goëthe, Lessing et Herder. Que diriez-vous d'eux s'ils arrachaient leurs vignes et demandaient à leur sol du bourgogne et du champagne?

» Cependant, dis-je, si les Français ne sont pas justes envers la littérature allemande, convenez que les Allemands leur ont souvent rendu la pareille. Lessing a été jusqu'à refuser du génie à notre grand Corneille; n'a-t-il pas osé dire que ce n'était qu'un *bousilleur*, un *gâte-pâte*? Certes, jamais Français n'a aussi durement traité aucun de vos écrivains. Comment Lessing a-t-il pu s'oublier à ce point? Comment a-t-il pu parler ainsi de l'immortel auteur de *Cinna* et du *Cid*? Schiller, plus juste que Lessing, sut reconnaître tout ce qu'il y a de beau dans la tragédie française. Seulement il se plaint qu'on ait donné le caractère français à des personnages des temps antiques; mais ce qu'il critique parce qu'il est Allemand, il l'eût trouvé excellent s'il eût été Français. Toutes ses remarques sont d'un homme qui repoussait de ses drames tous les moyens conventionnels, comme il les repoussait de sa propre vie. »

» Ce qui rend les Allemands l'objet de critiques amères, mais souvent justes, c'est l'inconstance de leurs systèmes scientifiques; les systèmes croissent en Allemagne aussi facilement et aussi vite que les champignons, et on les voit paraître et disparaître comme les verres d'une lanterne magique. Combien d'écoles l'Allemagne n'a-t-elle pas mises au jour, qui toutes prétendaient avoir trouvé la pierre philosophale, et dont chacune, à l'instar des prêtres égyptiens et indiens, se séparait entièrement des autres, disant qu'elle seule était initiée à la vérité?

» Cela est vrai, répondit mon interlocuteur; mais, dites-moi, n'avez-vous pas rencontré des Français qui, comme les Chinois, croient que leur pays est situé au milieu du monde et que tous les autres lui servent de bordure; qui croient qu'Adam et Eve parlaient français dans le paradis terrestre; qu'il ne peut rien se dire de sensé et de spirituel que dans leur langue; qu'il n'existe point d'autre littérature que la leur; et que le nord surtout, qui d'après eux commence déjà de l'autre côté du Rhin, est entièrement dépourvu d'érudition et de goût.

» Dans ces discussions littéraires entre deux nations, ce n'est jamais qu'aux formes que l'on s'attaque; comme autrefois, dans ces déplorables querelles de religion qui ont ensanglanté le monde, il n'était question que de formes extérieures du culte. Mais en littérature comme en religion la forme n'est que l'enveloppe de la pensée, enveloppe ou vêtement qui peut varier à l'infini selon le caractère et la manière de voir des différens peuples, tandis que ce qui est dessous est presque le même partout. Je dis *presque*, car je n'entends pas imposer de limites à la pensée, et je sais trop bien que chaque peuple doit avoir ses sentimens et son caractère à lui, que la principale condition de son existence est de rester lui-même. Il en est des nations comme des individus : le rôle d'imitatrice ne peut que leur être funeste. Selon moi, ce qui a surtout contribué à élever la Grèce à un si haut degré de civilisation et de développement intellectuel, c'est qu'elle n'avait devant elle aucune nation qui pût lui servir de modèle; la Grèce fut la fille de ses œuvres, et elle pouvait dire comme je ne sais plus quel personnage tragique :

Je suis tout par moi-même, et rien par mes aïeux.

« Qu'est-ce qui rend un peuple ce qu'il est? Ce sont les circonstances locales, l'influence du climat, le plus ou moins de fertilité de son sol, son caractère primitif, sa langue, sa manière de vivre, et bien d'autres choses encore. Ce bon peuple de la Suisse saxonne serait-il ce que nous le voyons sans ces montagnes, sans ces gorges qui l'ont si long-temps caché à tous les yeux? N'est-ce pas au peu de communications qu'il a eu jusqu'ici avec le reste de l'Allemagne qu'il doit ses mœurs simples et patriarcales? Peu à peu, il est vrai, son caractère primitif va s'effacer, il va se créer insensiblement des besoins nouveaux ; pourquoi? Parce que d'autres peuples viennent maintenant se mêler avec lui, et que chaque année ses voisins et l'étranger viennent lui ravir quelque chose de son ignorance. La nature nous présente dans ses œuvres une variété infinie; vous ne rencontrerez jamais dans la création non seulement deux êtres vivans, mais encore deux objets inanimés qui se ressemblent entièrement ; et vous voudriez que l'homme, que Dieu a fait libre, que l'homme, qui de même que la nature ne se ressemble jamais à lui-même, vous voudriez, dis-je, le forcer à revêtir partout la même forme, la même enveloppe, à être au nord ce qu'il est au midi, sous le ciel brumeux de l'Ecosse ce qu'il est aux bords du golfe de Naples? Mais quelle est donc la nation qui pourra dire : « Je veux marquer les autres nations de mon sceau ? »

« Toute chose est parfaite quand elle est ce qu'elle doit être, ce que sa nature et les circonstances veulent qu'elle soit. On ne peut donc pas imposer à la perfection une forme unique, absolue. La nature, toujours libre, est aussi toujours variée ; l'homme timide, qui n'ose se débarrasser de ses langes, tombe dans l'uniformité, il est esclave. La liberté règne pure et entière dans l'ensemble de la nature ; l'esclavage ne peut habiter que la poitrine étroite de l'homme sans énergie.

» Bien, bien, s'écria le jeune Allemand en se saisissant de ma main qu'il pressa avec force contre son cœur. Oh! que j'éprouve de plaisir à vous entendre parler ainsi. Oui, mon ami, il faut que les peuples puissent librement échanger entre eux les produits de leur sol et de leur industrie ; que le superflu des uns aille satisfaire aux besoins des autres. Comme le commerce et l'industrie, les arts et les sciences aussi se sont répandus sur la terre ; si chaque peuple avait été forcé de se contenter de ses propres découvertes, les arts et la civilisation auraient sans contredit marché bien lentement. Les Romains se formèrent à l'école des Grecs, qui eux-mêmes avaient pris une partie de leur savoir dans l'Orient et en Egypte. En fuyant de Constantinople, les Grecs du Bas-Empire apportèrent en Italie quelques étincelles du feu sacré ; elles servirent à allumer cet éclatant flambeau dont la lumière se répandit bientôt sur tout l'occident. Les vaisseaux qui nous apportent des contrées lointaines le café, le sucre, le thé, et qui y retournent chargés de nos produits, prennent aussi à leur bord les découvertes scientifiques, les mœurs, les lois d'un pays pour aller les transplanter dans un autre.

» Certes, notre civilisation, notre savoir, notre moralité, notre bonheur enfin, tout cela est le résultat des efforts de l'humanité tout entière. Aucun peuple ne doit donc être honteux de s'approprier les découvertes et les améliorations des autres peuples. La plus haute destinée de l'homme est d'éclairer, d'instruire, de répandre partout l'amour du juste, du beau, du vrai, de l'utile. Cette tâche, ou plutôt ce droit, n'appartient exclusivement à aucune nation ; c'est la tâche, c'est le droit de toutes les nations, de tous les hommes. Ces hommes privilégiés, qui s'élèvent au dessus des préjugés et des faiblesses de leur temps, appartiennent à l'avenir comme à leur siècle, à l'humanité tout entière comme à leurs concitoyens; c'est Lycurgue, Epaminondas, Morus, Homère, Pythagore, Montesquieu.

» Accueillons toujours avec amour ce qui est bon, ce qui est juste, ce qui est beau, que nous le trouvions chez nous ou qu'il nous vienne de l'étranger, que ce soit l'antiquité qui nous le procure ou bien les temps modernes. Quoique Allemand, vous pouvez préférer notre Montesquieu à votre Moser; moi je préfère votre Schiller à notre Crébillon. Soyons donc amis, puisque nos deux cœurs s'entendent ; qu'il n'y ait plus de Rhin pour nous, et que ma main serre la vôtre avec autant de franchise et de cordialité que si le même pays, la même cité, le même toit nous avait vus naître tous deux. — Touchez là, me répondit le jeune Allemand, et soyez sûr que vous ne vous repentirez jamais d'avoir appelé Eugène Danneberg votre ami. »

Wehlen.

Eugène exprima le désir de m'accompagner dans toutes mes promenades à travers la Suisse saxonne : « Il faut bien, me dit-il, que je vous fasse les honneurs de mon domaine. » J'acceptai son offre avec empressement. C'est en voyage surtout que j'aime le tête-à-tête de l'amitié. Notre dernière bouteille de Rudesheim venait d'être vidée ; nous nous levâmes donc, et descendîmes la montagne pour prendre le chemin de la petite ville de Wehlen. La vallée de Wehler-

Grund se présenta bientôt devant nous ; je n'avais encore rien vu d'aussi sauvage. De tous côtés des rochers, et quels rochers! les formes les plus singulières, les plus bizarres. Il y en a deux que leur configuration a fait nommer la *Grande Oie*, et l'autre la *Petite Oie*. « Quelles sont ces ruines que je vois là-bas? demandai-je à Eugène. — Des ruines, me répondit-il en riant, vous prenez cela pour des ruines? Au fait j'y ai été trompé comme vous. Ce que vous me montrez est tout simplement un rocher, le Feldstein; mais d'ici, et au premier coup d'œil, on dirait vraiment un vieux château. » Nous n'étions plus qu'à une très petite distance de Wehlen, et nous voulûmes nous y faire conduire en bateau; tous ces rochers du Wehler-Grund défilèrent de nouveau devant nous, mais sous des formes peut-être plus bizarres encore que celles sous lesquelles ils nous étaient d'abord apparus.

Wehlen, caché au milieu d'arbres fruitiers et de plantations de houblon, et protégé par des rochers escarpés qui semblent lui servir de murailles, est une petite ville de neuf cents ames. Plusieurs filatures de coton et un plus grand nombre encore de fabriques de toile y sont établies; les fruits, le houblon, le blé, les pierres qu'elle tire de ses montagnes forment les principales branches de son commerce. Sur une montagne qui domine la ville s'élèvent les ruines du château de Wehlen, château dont l'origine et l'histoire sont peu connues. On croit, mais sans pouvoir l'affirmer, qu'il fut bâti par les Sorbes; son premier nom de Willin semble du moins l'indiquer. Lorsque les Germains, après avoir soumis ce peuple grossier, vinrent s'établir dans le pays, il servit d'échauguette, et peu de temps après il devint le siège principal de la principauté de Wehlen. Au XIIIe siècle, il tomba au pouvoir du margrave de Meissen, puis de la Bohême, qui le garda jusqu'au commencement du XV° siècle, où il fut rendu avec Pirna au margraviat de Meissen par le roi Wenzel. Lorsque dans le siècle suivant les comtes de Schœnberg firent restaurer le château de Lohmen pour y établir leur résidence, celui de Wehlen était déjà en ruines. En 1788, une des murailles qui étaient restées debout s'écroula tout-à-coup, et renversa dans sa chute une maison placée tout auprès.

« Si vous voulez, me dit Eugène, nous irons faire une visite au pasteur de Wehlen; il m'honore de son amitié, et je suis sûr qu'il sera enchanté de vous voir. » J'y consentis, et quelques momens après nous frappions à la porte du presbytère. Un homme d'une taille avantageuse, et dont la figure inspirait la vénération, vint nous ouvrir : c'était le pasteur. Il était en soutane, et tenait à la main son rosaire. « Soyez les bien-venus, nous dit-il en allemand en serrant affectueusement la main d'Eugène. — Mon père, c'est un ami que je vous présente : un ami de quelques jours seulement, mais qui déjà m'appartient pour la vie. — Je vous reçois l'un et l'autre sous mon humble toit avec un égal plaisir, et je veux qu'il me serre la main aussi franchement que vous venez de la serrer vous-même. — Je vous préviens qu'il est Français, dit Eugène en appuyant sur ce dernier mot. — Français ! oh ! me voilà donc privé du plaisir de causer avec lui ? — Consolez-vous, mon père : tout Français qu'il est, il comprend et parle parfaitement notre langue. » Un sourire de contentement brilla dans les yeux du vieillard ; et me prenant de nouveau la main : « En ce cas, dit-il, c'est comme si vous étiez des nôtres. — Mais savez-vous, reprit Eugène qui cherchait à le piquer, savez-vous que monsieur est un admirateur passionné de Napoléon. — C'est, répondit le digne homme toujours avec le même calme, la même douceur, c'est un maître dont on peut être fier d'être le disciple. Sous le toit du presbytère comme ailleurs, continua-t-il après une courte pause, la différence de langue et de croyance ne doit point diviser les hommes; ne sont-ils pas tous enfans d'un même père? » Puis il alla entr'ouvrir la porte, et se mit à crier : « *Baerbchen, Baerbchen!* » A la voix du maître Baerbchen se hâta de monter. Nous nous attendions, Eugène et moi, à voir paraître quelque joli minois de seize à vingt ans; je savais que *Baerbchen* était le diminutif de *Barbe* ou *Barbara*, et que les Allemands emploient volontiers les diminutifs quand il s'agit de l'enfance ou de la jeunesse. Quel ne fut donc pas notre étonnement quand nous nous trouvâmes vis-à-vis d'une espèce de sapeur femelle qui pouvait bien avoir déjà vu soixante printemps! « Que le saint nom de Jésus soit béni!..., dit-elle en faisant une révérence aussi longue que son excessif embonpoint put le lui permettre. — *In sæcula sæculorum, amen*, répondit le pasteur. Baerbchen, ajouta-t-il, tu vas nous monter une bouteille du cachet noir; tu sais, dans l'angle de la cave. » Barbe sortit, et revint bientôt chargée de la précieuse liqueur. Notre hôte remplit jusqu'aux bords nos trois verres, et après avoir trinqué avec nous il vida le sien d'un seul trait. « Maintenant, dit-il, que chacun fasse ce qu'il a à faire. Vous êtes fatigués et vous avez soif, reposez-vous donc et buvez; moi, certain devoir pieux m'appelle, il faut que j'aille le remplir. » Aussitôt il prit son bréviaire et son rosaire, et passa dans la chambre voisine, où nous l'entendîmes se promener en lisant à voix basse. Quant à nous, nous restâmes assis devant la fenêtre qu'ombrageait une treille épaisse, où nous avions à répondre à tout moment aux salutations qui nous étaient adressées de la rue; car aucun habitant de Wehlen, homme, femme ou enfant, ne passe devant le presbytère sans saluer le pasteur ou les personnes qu'il reçoit chez lui. Enfin le digne homme vint nous retrouver. Ayant de nouveau appelé Barbara, il lui commanda d'apprêter deux lits dans la chambre d'amis, et de tuer trois petits coqs pour le repas du soir. — Je lui objectai que notre intention, à Eugène et à moi, était de visiter encore Hohnstein le même jour et d'aller coucher à Schandau. « Oh! dit-il, ne me quittez pas ainsi; accordez-moi ce jour tout entier. Il me semble que Dieu cesserait de bénir ma maison si, lorsqu'un ami vient chez moi, je le laissais partir sans avoir rempli à son égard tous les devoirs de l'hospitalité. Couchez sous mon toit, cela me portera bonheur. » Et à nous aussi, lui répondis-je. La conversation s'anima; il nous parla de la sainteté de son ministère, des jouissances et des peines dont sa vie était semée, du troupeau confié à ses soins, et du bonheur qu'avait le pays de vivre sous un gouvernement tout paternel. Ses idées étaient saines, son langage simple, mais toujours bien approprié au sujet qu'il traitait; souvent il lui échappait quelques saillies qui donnaient un nouveau charme à notre entretien. Enfin tout allait à merveille, quand tout-à-coup on frappa fortement à la porte de la rue. Le pasteur mit la tête à la fenêtre. « Ah! nous dit-il, ceci est une autre affaire; on m'appelle auprès d'un malade. il faut donc que je vous dise adieu. » Nous prîmes aussitôt congé de cet excellent homme, qui nous serra les mains en nous remerciant de notre visite, et nous exprima de nouveau ses regrets de ne pouvoir nous retenir plus long-temps.

Les habitans de Wehlen sont comme leur pasteur : c'est

la même simplicité de mœurs, la même bonhomie ; à Wehlen point d'agitation, point de bruit : tout y est tranquille, et sur chaque porte comme sur chaque figure semblent écrits les mots paix et bonheur. Il en est des villes comme des femmes, dis-je à Eugène ; les plus heureuses sont celles dont on parle le moins. Que de souverains envieraient l'obscurité de ce digne prêtre et se croiraient heureux de vivre ici !

En quittant Wehlen, on entre dans la vallée des Merles (Amsel-Grund), que traverse la rivière de Grünbach. Cette vallée est une véritable ménagerie en pierre, car il n'est pas un des rochers qui la bordent dont la forme n'imite plus ou moins la forme d'un animal : ici c'est l'agneau, là le chameau avec son énorme bosse ; à votre gauche vous croyez voir deux oies gigantesques allongeant le cou pour vous regarder passer dans la vallée. Devant vous est la gorge du Blaireau (Dachsenhaelter), à travers laquelle passe le Grünbach ; et bientôt vous voilà sur la pierre du Merle (Amselstein), rocher du haut duquel la rivière se précipite, et où la nature a creusé une grotte assez profonde qu'on appelle l'Amselloch (Trou du Merle).

Hohnstein.

Encore quelques instans de marche, et l'on arrive à Hohnstein, petite ville laide et sale, mais dont le château, perché sur un rocher, est célèbre dans l'histoire. Ce château fut bâti au XIVe siècle par les châtelains de Duba, dont les possessions couvraient la Bohême et le cercle de Meissen. Cette puissante famille s'éteignit en 1550. Les seigneurs de Duba étaient maîtres de presque tous les châteaux situés sur les rives du Polenz et du Sebnitz ; Hussites forcenés, ils furent souvent en guerre avec les évêques de Meissen, qui soutenaient que Hohnstein était de leur diocèse, bien que l'évêque de Breslau élevât les mêmes prétentions. En 1444, une épouvantable querelle éclata entre les seigneurs de Hohnstein et la famille des OElnitz qui habitait le château de Rathen. Un de ces derniers avait tué un cerf dans la forêt de Schandau, alors dépendante de Hohnstein; ce fut la cause, ou plutôt peut-être le prétexte d'une guerre à mort, pendant laquelle les OElnitz perdirent plusieurs de leurs châteaux; leurs adversaires, mieux fortifiés qu'eux, étaient d'ailleurs appuyés par tous les Hussites. Jean, évêque de Meissen, ennemi personnel de l'évêque de Breslau et des Hussites, saisit cette occasion d'assouvir sa haine : il alla trouver le prince électoral Frédéric-le-Débonnaire, et lui peignit si vivement les dangers dont la présence des Hussites menaçait tout ce qui entourait Hohnstein, que ce prince consentit enfin à venir au secours des seigneurs d'OElnitz. Une armée, qu'il leva en silence, tomba sur Hohnstein, pendant que les seigneurs de Duba étaient occupés à assiéger Rathen, et le détruisit presque entièrement. Hohnstein fut vendu plus tard aux seigneurs de Schleinitz, et devint enfin la propriété du prince électoral Maurice de Meissen.

Le château de Hohnstein tient à la ville par un pont de pierre. Il est entouré de fossés profonds; ses épaisses murailles résistèrent aux nombreuses attaques des Autrichiens et des Suédois pendant la guerre de trente ans. En entrant dans la première cour, par une immense voûte creusée dans le roc, on voit d'abord la partie appelée le château central, qui en 1620 fut détruite par la foudre, à l'exception de quelques appartemens. Vis-à-vis se trouve le nouveau corps de bâtimens, où siègent aujourd'hui les tribunaux. Derrière cette cour en est une autre, entourée de prisons, de débris de tours, et de vastes bâtimens économiques également très vieux.

Enfin l'on pénètre par une lourde porte en fer dans l'intérieur des prisons, dont les étroites fenêtres sont encore garnies de leurs barreaux. A la faible lueur de la lanterne que tenait notre guide, nous y vîmes une corde de paille à l'aide de laquelle, au commencement du XVIII° siècle, un malheureux captif tenta de s'échapper. Après avoir passé plusieurs jours et plusieurs nuits peut-être à la tresser, il l'attacha aux barreaux de sa fenêtre et se laissa glisser le long du mur. Mais, hélas! la corde se trouva trop courte : cent pieds au moins le séparait encore du sol!.... Que faire? S'il se laisse tomber il se tue.... Le sentiment de la conservation l'emporta, il remonta dans sa prison, où sans doute il ne tarda pas à mourir de désespoir et de faim. On nous montra aussi le cachot où, sous le duc de Weimar et sous Auguste II, fut enfermé Klettenberg, ce fameux adepte de la philosophie du XVIII° siècle, qui se vantait de pouvoir faire de l'or. Enfin il nous fallut voir aussi la chambre des tortures. Notre guide nous dit que la dernière personne qu'on avait torturée dans ce lieu était un boucher prévenu de meurtre; le patient supporta tout avec un tel courage, qu'on le renvoya acquitté; mais plus tard, ayant perdu à Dresde ses deux jambes, il avoua qu'en effet il était coupable.

Avant la guerre de sept ans, le château de Hohnstein renfermait un parc aux ours. Ces animaux s'y multiplièrent pendant plus de cent cinquante ans d'une manière effrayante; quelquefois ils escaladaient les murs et allaient répandre la terreur dans les campagnes. Aussi se vit-on enfin forcé de les détruire tous à coups de fusil. Parmi ces ours il y en avait un que le roi de Pologne Auguste II avait apprivoisé, et qu'il faisait manger et coucher dans ses propres appartemens ; mais l'animal devenu grand se jeta un jour tout furieux sur ce prince, qui se vit obligé de faire usage de son couteau de chasse. D'autres auraient sans doute puni de mort l'ingrat élève ; Auguste se contenta de le renvoyer dans le parc au milieu de ses compagnons.

Derrière le château, non loin du parc aux ours, et sur un rocher escarpé, est un charmant petit jardin appelé *Kœhlergærtchen;* on voit de là Hohnstein et ses environs, ainsi qu'une grande partie de la belle route de Napoléon qui conduit de Lilienstein à Stolpen.

Stolpen; la comtesse de Cosel ; le Hockstein; Brand ; Lilienstein (la Montagne des Lis); Rosenstein (la Montagne des Roses), etc.

A deux lieues et demie de Hohnstein se trouve la ville de Stolpen, bâtie sur le penchant d'une montagne de basalte, au haut de laquelle s'élève un vieux château, auquel se rattachent plusieurs souvenirs historiques. Ce château est plus ancien que la ville ; il fut bâti par les Sorbes à une époque fort reculée du moyen âge. En 1222, la ville, le château et tout le pays d'alentour furent réunis à l'évêché de Meissen ; cette contrée, dès-lors, prit un aspect de plus en plus florissant ; les évêques y prodiguèrent les embellissemens de tout genre ; ils y favorisèrent le commerce, ils se plurent à y protéger les sciences et les arts ; enfin, ils firent du château leur résidence ordinaire et y ajoutèrent des constructions nouvelles. Dans le XVe siècle, les Hussites le dévastèrent. En 1559, il tomba au pouvoir de l'électeur Auguste de Saxe, et voici à quelle occasion. L'évêque Nicolas, de la famille de Carlowitz, venait de mourir ; son successeur,

Jean IX, de la famille de Haugwitz, fut chargé par le chapitre d'être son exécuteur testamentaire; il remit, en conséquence, entre les mains de Hanus de Carlowitz, héritier de Nicolas, une cassette remplie d'or et d'argent, avec le testament qui la lui léguait. Mais cet héritier prétendait qu'il existait encore un autre testament déposé aux archives de la ville de Stolpen, et qui lui conférait un héritage beaucoup plus important. Le nouvel évêque soutenait que non. Carlowitz à l'instant lui déclara la guerre, et déjà le lendemain il était devant le château, espérant surprendre l'évêque et s'emparer de sa personne. Mais le prudent prélat avait pris la fuite et s'était réfugié à Prague, laissant à son conseil capitulaire le soin de défendre le siège épiscopal. En effet, le conseil fit une courageuse résistance; les habitans de Stolpen lui prêtèrent une loyale et énergique assistance; mais on comptait sur les secours du dehors, sur l'aide des paysans, et ceux-ci n'arrivaient pas. Plusieurs villages furent incendiés; d'autres furent livrés au pillage; et bientôt la ville de Stolpen, vivement assiégée, se vit menacée d'une prise d'assaut. Dans cette extrémité, les bourgeois envoyèrent une députation à l'électeur Auguste, qu'ils regardaient comme leur suprême protecteur : ils implorèrent sa puissante médiation. Ce prince fit aussitôt marcher, sous le commandement de son frère Carlowitz, un corps d'armée composé de citoyens de Dresde et de Radeberg. Les troupes entrèrent dans la ville sans coup férir, et dèslors les affaires se terminèrent à l'amiable : Hanus de Carlowitz reçut pour sa part héréditaire 4,000 florins d'or ; l'électeur de Saxe acquit tout le bailliage de Stolpen, à la seule exception de Muehlberg, qui fut laissé à l'évêque à titre d'indemnité.

Une autre circonstance, plus récente, est venue ajouter à la renommée du château de Stolpen. La comtesse de Cosel, célèbre par son esprit et sa beauté, avait attiré les regards passionnés du roi de Saxe, Auguste II. Pour lui déclarer son amour, il parut devant elle tenant d'une main un énorme sac rempli d'or et de l'autre un fer à cheval qu'il brisa avec aussi peu d'efforts que si c'eût été une frêle baguette. Quelle femme aurait pu résister à une déclaration ainsi faite et surtout venant d'un roi? Elle devint donc la maîtresse d'Auguste; et pendant dix ans elle sut conserver la faveur du monarque; pendant dix ans elle exerça non seulement sur lui, mais sur la Saxe entière, un empire absolu; entourée de flatteurs, le vil encens de leurs adulations enivra cette femme orgueilleuse, et on la vit, dans son ardeur insatiable, dépenser des millions sur le triple autel de l'ambition, du luxe et de la débauche..... Mais elle devait finir comme finissent toutes les favorites royales; en 1716, la comtesse tomba en disgrâce et fut enfermée, par ordre du roi, dans le château de Stolpen. Bientôt pourtant cet ordre fut révoqué, et il fut permis à la comtesse de se retirer où bon lui semblerait; mais elle préféra rester dans sa solitude : « Plutôt, dit-elle, ne jamais retourner dans le monde, si je ne puis y reparaître dans mon ancien éclat! » On dit que pendant longtemps rien ne put la consoler de l'infidélité de son royal amant. Elle lui adressa, mais en vain, les lettres les plus touchantes; toutes lui furent renvoyées sans seulement avoir été lues. Un jour, elle apprit qu'Auguste devait passer à cheval devant le château; elle se mit aussitôt à sa fenêtre pour l'attendre; il passa en effet, mais la pauvre comtesse n'obtint de lui qu'un froid salut. Tout espoir était donc perdu. En mourut-elle? Non. Se vengea-t-elle? On l'ignore. Ce que l'on sait, c'est qu'elle vécut encore quarante-cinq ans, et que, pendant la guerre de sept ans, elle reçut de la Prusse une solde qui lui était régulièrement payée, mais en mauvaise monnaie; c'étaient de ces écus prussiens appelés Ephraïm, et qui sans être hors de cours, n'étaient pas de fort bon aloi, et devaient sans doute leur nom à quelque contact judaïque où ils avaient subi des rognures. La malicieuse comtesse cloua sur les murs une telle quantité de ces écus, qu'ils tapissèrent toute une chambre. Enfin, et pour achever l'histoire de cette femme extraordinaire, on assure qu'à la fin de ses jours elle se fit juive.

La montagne sur laquelle s'élève le château de Stolpen, est toute en basalte; les rochers, les murs, les ponts, les chaussées, et jusqu'aux tombes, tout se compose de cette précieuse substance. C'est un basalte prismatique des plus remarquables, des plus rares, et dont la qualité ne peut se comparer qu'à celle du château de Friederich en Bohême. Agricola déjà connaissait cette pierre, et dans ses écrits il en recommande l'usage.

Tout autour du château de Stolpen, se dressent comme autant d'obélisques, des colonnes de basalte de toutes dimensions; quelques unes, avec un diamètre de quelques pouces seulement, ont jusqu'à trente pieds de hauteur; cette forme svelte et gracieuse attire de loin les regards. C'est dans le jardin de l'ancienne ménagerie que se trouvent les plus belles de ces colonnes : il en est même plusieurs qui, lorsqu'on les frappe, rendent un son dilatant et prolongé.

Le roi Frédéric Auguste II, voulant éprouver la solidité du château de Stolpen, fit tirer contre ses murs des boulets de canon du poids de vingt-quatre livres. Les boulets firent à peine quelques légères crevasses; leur action sur les roches de basalte fut encore moindre, ils ne purent enlever que deux ou trois points saillans et se brisèrent en morceaux; ces débris retombèrent dans la ville, et vinrent même blesser le cheval que montait le roi.

Les quatre cours du château sont réunies par des ponts. Au milieu de la première est un bassin péniblement creusé dans le roc; on y voit aussi le souterrain dans lequel on jetait les prisonniers. C'est dans cette cour que le 3 septembre 1756 partit le coup de pistolet qui donna le signal de la guerre de sept ans; ce coup fut tiré par le général prussien Warnèri qui, à la tête de ses hussards, venait de prendre le château et tua le commandant au moment où celui-ci rendait son épée au général.

Après avoir traversé le pont de la seconde cour, on trouve deux grandes portes; derrière l'une est une allée étroite et sombre qui mène dans un château souterrain où l'on descendait les prisonniers par un trou, l'autre porte conduit au Johannis-Thurm, ancienne habitation de la comtesse de Cosel. La troisième porte n'offre rien de remarquable; mais dans la quatrième on admire les ruines de l'église et surtout un puits creusé dans le basalte : ce puits, commencé en 1608, a deux cent quatre-vingt-sept pieds de profondeur; il a fallu y travailler vingt-deux ans sans relâche avant de parvenir à rencontrer l'eau.

Arrêtons-nous un moment à la bergerie : cet établissement, affecté à l'amélioration des moutons de Saxe, est vraiment grandiose. En 1765, on y fit venir d'Espagne plus de deux cents moutons, avec deux pâtres espagnols. En 1778, il y arriva de nouveaux troupeaux des plus beaux mérinos de la province de Léon et de la Castille. Bientôt on fut obligé d'en établir trois autres, à Lohmen, à Bennersdorff et à Hohnstein. Les races qu'on y élève maintenant, par suite de toutes ces améliorations, fournissent une laine très fine et fort recherchée. Cette bergerie modèle, où l'on a toujours eu soin de conserver la race type dans toute sa pureté, a produit et produit encore d'excellens résultats. Plus de cent mille moutons de race améliorée en sont successivement sortis, pour aller en améliorer d'autres, soit dans le pays même, soit à l'étranger.

Après avoir visité Stolpen, nous retournâmes dans la vallée auprès de Hohnstein, en passant la petite rivière de Polenzbach. La première curiosité que nous rencontrâmes, fut la *Cave des voleurs* (*Diebskeller*), profonde caverne formée par des groupes de rocs qui s'avancent sur la vallée. Pendant la terrible guerre de 1813, plus de trente familles de Hohnstein vinrent s'y réfugier et y restèrent cachées pendant neuf semaines. Quatre autres cavernes se trouvent non loin de là, qui, à cette même époque, ont aussi servi de retraite aux paisibles habitans du pays.

Une montagne colossale vient tout-à-coup nous barrer le chemin : c'est le Hockstein. Avant d'arriver au faîte, il faut passer un pont jeté sur cet affreux précipice et qui joint la montagne à un rocher voisin. Mais il n'y a rien à craindre : ce pont ne manque pas de solidité ; du moins est-il plus solide et plus sûr que ne devait l'être certain pont en cuir qui, au dire des paysans de la vallée, existait autrefois et servait de communication entre le sommet du Hockstein et celui d'une autre montagne. Maintenant il faut grimper à quatre pattes, et j'avoue que cette manière de voyager n'a rien de fort attrayant. Enfin nous voici en haut, les mains un peu sanglantes, les genoux un peu déchirés : mais revient-on de la bataille sans quelques blessures !..... Le sommet du Hockstein, où nous avons eu le bonheur de nous trouver, non plus à quatre pattes, mais dans la posture plus commode et plus poétique que, selon Ovide, le ciel voulut donner à l'homme :

> *Os homini sublime dedit, cœlumque tueri*
> *Jussit* . . . .

Ce sommet, dis-je, constitue une plate-forme de cent pieds de long sur soixante de large seulement. Au milieu est un bassin qui servait à recueillir l'eau de pluie. On y voit aussi, sur la pointe d'un morceau de rocher fort saillant, d'énormes crochets en fer déjà à demi rongés par la rouille : à ces crochets les habitans du château (car il y avait autrefois un château sur cette montagne) attachaient des cordes au moyen desquelles ils faisaient descendre des paniers que les habitans de la vallée étaient chargés de remplir de toutes les provisions nécessaires.

Nous quittons le Hockstein pour retourner sur les rives de l'Elbe, et à trois quarts de lieue de Hohnstein, nous trouvons le *Brand*, énorme rocher qui s'élève à neuf cent soixante-douze pieds au dessus du niveau de la mer. Il y avait sur ce rocher un bois qui fut entièrement consumé par un horrible incendie. De ce point on aperçoit la ville de Wehlen, le *Lilienstein* (montagne des lis), l'Elbe qui promène autour du *Rosenstein* ses flots argentés, puis le *Schrammstein* et le *Zschirnstein*, gigantesques colonnes placées par la nature aux deux coins de ce magnifique tableau. A nos pieds coule le Polenzbach, dont toutes ces roches viennent à tout moment contrarier le cours. En approchant de Kœnigstein et de Pirna, le paysage prend un autre caractère : de nombreux villages, séparés les uns des autres par des champs fertiles, sont éparpillés dans la plaine, au fond de laquelle s'élèvent l'Erzgebirg et les montagnes de la Bohême. Mais une bien agréable surprise attend ici le voyageur : après avoir passé des heures entières à monter et à descendre, un banc où s'asseoir à l'aise est salué comme un ami que l'on rencontrerait dans le désert ; or, voici sur le bord de la route une foule de jolis petits bancs d'écorce, et au milieu une hutte également d'écorce. Ce n'est pas tout : à quelques pas de là, dans le rocher, est une grotte que l'industrie a transformée en une élégante auberge. Entrons-y, ou plutôt demandons qu'on nous serve en plein air; nous dînerons plus gaîment sur ces bancs rustiques. L'aubergiste nous donnera de tout ce que fournit la contrée : du vin des rives de l'Elbe, un coq de bruyère pris dans les forêts de la Suisse saxonne, des truites pêchées dans une des nombreuses rivières qui descendent de ces montagnes, des fruits aussi savoureux que ceux que mangeait notre premier père dans le paradis terrestre ; il y joindra des œufs, du laitage, quelques-uns de ces gâteaux que tout bon Allemand doit aimer ; et grace à l'appétit dévorant que nous avons gagné dans notre fatigante excursion, nous ferons ce qu'on appelle un repas des dieux.

En effet, un assez joli dîner nous fut bientôt servi, composé de presque tous les mets que je viens de nommer. — « Eugène, dis-je à mon compagnon quand nous fûmes au dessert, il y a une chose que je n'ai pas encore songé à vous demander : Êtes-vous marié ? — Non, mon ami, je n'ai pas encore renoncé aux charmes de la vie de garçon ; ai-je bien fait ? ai-je mal fait ? c'est ce que j'ignore. Un bon ménage, j'en conviens, est un paradis sur terre ; mais comme je n'ai jamais eu de bonheur aux jeux de hasard, je crains de mettre à cette grande loterie qu'on appelle le mariage. N'allez pas croire que je sois un ennemi des femmes; personne, au contraire, ne les aime plus que moi; mais je me rappelle toujours certain mot de Thalès. Vous savez que ce philosophe pressé par sa mère de prendre femme, lui répondit : « Il n'est pas encore temps ; » et que plus tard, comme elle revenait à la charge, il lui dit qu'il n'était plus temps. On cite de lui un trait qui m'a également frappé. Solon étant allé chez Thalès à son passage à Milet, fut étonné de ne trouver auprès de lui ni femme ni enfans, et ne put s'empêcher de lui en demander le pourquoi. Thalès ne lui répondit rien, et fit adroitement tomber la conversation sur un autre sujet. Mais à quelques jours de là, Solon étant revenu le voir, il entra un Milésien à qui Thalès avait donné le mot, et qui s'annonça comme arrivant d'Athènes. Aussitôt Solon de lui demander des nouvelles de sa chère patrie. — « Mais, dit le Milésien, il ne s'y est passé durant mon séjour rien de bien intéressant, si ce n'est pourtant la mort d'un jeune homme dont toute la ville a suivi le convoi, car son père alors absent est, m'a-t-on dit, un homme que sa justice, sa sagesse et ses hautes vertus ont rendu l'amour et l'orgueil de tous ses concitoyens. — Malheureux père ! s'écria Solon. Mais son nom, quel est-il ? — Je l'ai bien entendu prononcer, mais je n'ai pu le retenir. Seulement je me rappelle que l'éloge de ce père était dans toutes les bouches. » Solon, dont l'effroi augmentait à chaque parole du voyageur, lui demanda enfin si ce jeune homme n'était pas le fils de Solon. — Oui, s'écria le Milésien, de Solon ; je me le rappelle bien maintenant. » Et voilà Solon qui se livre au plus affreux désespoir, au point que Thalès eut toutes les peines du monde à le calmer. Quand il l'eut enfin convaincu que tout cela n'était qu'une comédie. « Maintenant, lui dit-il, tu sais pourquoi je n'ai ni femme ni enfans. »

— « Mais, mon cher Eugène, d'après la manière de voir de Thalès, nous ne devrions rien avoir, rien désirer ; car quelle est la chose que nous puissions être sûrs de posséder toujours ? Non seulement Thalès parlait là en mauvais citoyen, mais il faisait voir qu'il ne connaissait ni l'homme ni sa destination. Toute jouissance n'est-elle pas précédée d'un besoin ? Tout ce qui nous fait plaisir ne cherchons-nous pas à le posséder, quoique nous sachions bien que nous pourrons le perdre un jour. Chaque espérance, chaque désir suppose une privation ; et celui qui espère, qui désire quelque chose, doit nécessairement craindre aussi, car s'il est possible qu'il l'obtienne, il est possible également qu'il ne l'obtienne pas. Oh ! qu'il serait à plaindre celui qui n'aurait plus rien à gagner ni rien à perdre ! Mais voilà les hommes : Un paradoxe, à force d'être répété, finit par devenir parole d'Evangile, surtout quand il est sorti de la bouche ou de la plume d'un homme célèbre. Tous les préjugés, toutes les erreurs qu'à toutes les époques nous avons acceptés les yeux bandés sont en si grand nombre, qu'ils composent les neuf dixièmes au moins de notre croyance et de notre savoir ; et ce que je dis là ne s'applique pas seulement à l'histoire, à la législation, à la théologie, à la politique, aux sciences politiques, mais aussi à la morale et à la conduite privée.

Nous aurions philosophé longtemps encore ; mais le café étant pris, nous jugeâmes qu'il était temps de lever la séance et de nous remettre en route. Donc, après avoir pris congé de l'aubergiste, qui ne nous épargna ni les remercîmens ni les souhaits, nous nous dirigeâmes, sur les pas de notre guide, vers la montagne de Gickelsberg, sur le sommet de laquelle nous attendait un ravissant coup d'œil. De l'autre côté, au bout d'un chemin qui passe tantôt sur des rochers nus, tantôt à travers d'épaisses forêts, et aboutit au point où le Schwartzbach se jette dans le Sebnitz, les ruines d'un vieux château se dressèrent devant nous « Ici, nous dit notre guide en posant à terre les provisions dont il était chargé, l'on prétend qu'une nuée de fantômes se donnent toutes les nuits rendez-vous. — Parbleu, m'écriai-je, je serais curieux de faire connaissance avec eux. Eugène, voulez-vous me tenir compagnie? Des pierres et de la mousse ne sont pas, j'en conviens, un lit des plus doux; mais il me semble qu'il y aura quelque chose de romantique à passer une nuit en ce lieu. Qu'en dites-vous, mon cher? — Ma foi, j'y consens de bon cœur; nous nous étendrons paisiblement au milieu de ces ruines, cela animera le paysage; nous philosopherons, quand toutefois nous ne dormirons pas; et si messieurs les esprits étaient tentés de porter une main audacieuse sur nos provisions ou sur nous-mêmes, nous ferions comme Papa-Gueno dans *la Flûte enchantée....* —C'est cela, à nous! Mozart! »

Avant tout, nous ramassâmes de quoi faire un bon feu, car la nuit il ne fait pas chaud sur les montagnes. Ensuite nous nous mîmes à visiter ces ruines; mais à l'exception de quelques souterrains assez bien conservés, elles n'ont plus aucune forme. Quant à la situation, elle est des plus pittoresques: tout autour de nous se déroulait un délicieux panorama. Nous nous assîmes sous une espèce de voûte, et nous voilà parlant gaîment de choses et d'autres en attendant le coucher du soleil. Mais tout-à-coup nous voyons les nuages s'accumuler à l'est de l'horizon; l'éclair commence à sillonner la nue; nous entendons gronder la foudre. Peu à peu l'orage s'approche. Les coups de tonnerre se succèdent avec une effrayante rapidité, et dans la vallée mille échos leur répondent. Enfin la pluie commence à tomber par torrens. Heureux d'avoir trouvé un abri, nous écoutions, nous contemplions en silence ; car il était imposant le spectacle qui se passait sous nos yeux. Mais à l'ouest un autre orage s'était formé ; il marche, il s'avance, et le voilà qui rencontre le premier juste au dessus de nos têtes. Les nuages se heurtent, se brisent, se confondent ; la pluie tombe plus abondante encore ; un éclair n'attend pas l'autre, et le ciel semble comme une grande mer de feu. On eût dit un incendie général s'éteignant à tout moment pour se réveiller le moment d'après plus éclatant et plus terrible. Soudain un vieux chêne, qui se trouvait non loin de nous, éclate, se brise, se déracine, et vient rouler à nos pieds ; il venait d'être frappé de la foudre. Je l'avoue, je tremblai. Eugène aussi, je crois, car je sentis sa main chercher et presser la mienne. L'orage cependant, loin de s'apaiser, semblait redoubler de rage. La nuit était venue ; il pleuvait toujours aussi fort, le vent se ruait en mugissant sur les vieux chênes ; les hiboux, hôtes éternels de ces vieilles murailles, faisaient entendre par intervalles leurs cris funèbres, et le tonnerre dominait tout ce vacarme de sa puissante et formidable voix.

Le combat entre ces deux orages dura plus d'une heure. Notre feu s'était éteint, et nous ne pouvions plus nous voir qu'à la lueur passagère des éclairs. Enfin la lune parut, et répandit sa pâle mais douce lumière sur les ruines et sur la vallée. La fureur des vents se calma ; le ciel, après cette grande purification, reprit toute sa sérénité, et l'air se chargea de nouveau des plus délicieux parfums. Je me levai, et m'enveloppant de mon manteau, je me dirigeai, accompagné d'Eugène, vers quelque rocher saillant d'où nos regards pussent planer sur cet heureux pays. La nature vous paraît si belle quand elle repose, quand tout dort encore autour de vous! Oh! quelle sensation indéfinissable j'éprouvai! Seul sur une haute montagne, entouré de forêts et de ruines, rapproché de l'espace où la croyance humaine a placé la divinité, le cœur se sent élever au dessus de toutes les passions, de tous les désirs qui remplissent notre misérable existence. Comme tout ce qui nous avait paru grand et durable nous paraît alors petit et fragile! Que de fois, en présence de la tempête, l'homme n'a-t-il pas, la nuit, élevé ses mains vers le ciel, priant le Tout-Puissant de tarir la source de ses larmes, d'étancher le sang qui coule de ses blessures, et implorant la justice divine pour qu'elle daigne le faire jouir d'un sort meilleur! Mais hélas! l'orage se dissipe, le calme renaît, et nulle voix ne lui répond; le ciel garde, comme la tombe, son éternel silence.

Aucun bruit ne se faisait plus entendre autour de nous; tout était redevenu tranquille, tout se taisait : l'air, les oiseaux et le feuillage. Seulement l'Elbe nous envoyait, à travers l'épaisseur des forêts, le doux murmure de ses eaux. Et seul nous étions debout au milieu de ce repos général! Nous regardions en silence tantôt le ciel, tantôt la campagne qui nous environnait. « Depuis long-temps, dit enfin Eugène, la génération actuelle sera oubliée, nos gouvernemens, nos lois, nos religions auront disparu, que cette admirable nature sera encore telle que nous la voyons aujourd'hui, que les eaux de ce beau fleuve iront toujours se perdre dans la mer comme les siècles dans l'éternité. »

Mais la fraîcheur commençait à se faire sentir, et nous regagnâmes notre fantastique dortoir. Le feu, que l'orage avait éteint, venait d'être rallumé par les soins de notre guide ; sa clarté jetait une teinte magique sur les vieilles murailles grises, et faisait briller comme autant de diamans les gouttes de pluie qui tremblaient sur les feuilles. Il n'était encore que minuit. « Il faut, me dit Eugène, trouver un moyen d'échapper au sommeil. Si vous le voulez, je vais vous raconter l'histoire de ces ruines, telle que je l'ai entendue de la bouche même des gens du pays ; dans le cas où j'omettrais quelque fait, notre guide est là pour aider ma mémoire. Ecoutez-moi donc, je commence. »

» Il y a quatre cents ans, lorsque les Hussites étaient encore maîtres de la Bohême et venaient porter la désolation parmi les habitans de la Suisse saxonne, un vieillard vivait dans ce château qui appartenait alors aux seigneurs de Duba. Tout le pays d'alentour tremblait plus devant cet homme que devant les plus féroces châtelains de Hohnstein et de Leipa ; pourquoi? personne ne pouvait le dire ; le fait est que les seigneurs de Duba eux-mêmes paraissaient le craindre. Nul ne savait d'où il était venu, ni qui il était ; seulement on disait que dans un combat il avait sauvé la vie au chevalier de Hohnstein, et que celui-ci, dans sa reconnaissance, lui avait donné ce château et le village qui en dépendait. D'autres cependant ne croyaient pas à cette générosité. Quoi qu'il en soit, le *Vieux* (car c'était sous ce nom qu'on le désignait) quittait rarement le château ; quand il sortait, son air était sérieux, et il rentrait toujours triste et de mauvaise humeur.

» Sur la place où brûle dans ce moment notre feu s'élevait alors une haute tour ; c'était la demeure du Vieux. Aucun homme ne pouvait pénétrer chez lui ; il ne recevait que quelques femmes, et encore y avait-il une chambre, celle du haut, dont l'entrée leur était interdite. Au reste, le Vieux faisait bonne chère; il ne buvait que du vin de Melneck, et Hohnstein et Leipa fournissaient sa table de gibier. Ce singulier personnage ne portait jamais d'armes; il était toujours vêtu d'une longue et large robe de laine, comme celle des anciens pèlerins. Il allait souvent à l'église, était un Hussite acharné, et n'avait pour toute compagnie que deux énormes chiens qui le suivaient partout, et dont les paysans disaient qu'à minuit leurs yeux lançaient des flammes.

» Deux fois par an il s'absentait pour plusieurs semaines. Il partait tout seul, même sans ses chiens, et revenait également seul; personne ne savait où il avait été. Une fois cependant on le vit revenir avec une dame masquée, qu'il paraissait considérer beaucoup, car il conduisait lui-même et à pied le cheval qu'elle montait. La dame fut installée dans le château, où dès ce moment commença un tout autre genre de vie. Le Vieux resta bien, comme auparavant, seul avec ses chiens dans la chambre du haut, où, d'après les gens du pays, il avait des entrevues avec le diable. Mais les seigneurs de Duba arrivaient fréquemment pour rendre leurs hommages à la jeune Berthe (c'est ainsi que s'appelait la nouvelle arrivée), et surtout le chevalier de Hohnstein, qui, tout vieux qu'il était, se croyait encore capable de plaire aux femmes. Partout aux alentours on ne parlait que de Berthe; mais quoi qu'on fît, jamais on ne put parvenir à savoir d'où elle venait. Le chevalier de Hohnstein finit par paraître tous les jours au château; quelquefois même il y passait la nuit; mais son âge et la bonne réputation de Berthe suffisaient pour imposer silence à la calomnie.

Plusieurs années s'écoulèrent ainsi. Une nuit que le chevalier était resté au château, Berthe s'élança hors de son appartement et courant à la tour, en agita vivement la cloche. Le Vieux parut à la porte, accompagné de ses deux chiens et tenant une lanterne; puis il rentra, et au bout d'une heure il revint avec un paquet qu'il donna à un vieux domestique pour le porter au prêtre de Hohnstein ; il accompagna même le domestique jusqu'au dernier pont-levis, et rentra ensuite dans la tour. Quelques minutes après, une explosion terrible se fit entendre; la tour et la plus grande partie du château n'étaient plus que des ruines. On ne put savoir ce qu'étaient devenus les corps du Vieux et de Berthe, mais dans la chambre à coucher de cette dernière on trouva celui du chevalier avec un poignard dans le cœur.

» La tradition ajoute que le paquet envoyé au prêtre de Hohnstein renfermait l'histoire du mystérieux habitant de la tour. On sut donc enfin que ce Vieux était un astrologue et un magicien qui avait prédit au chevalier de Hohnstein qu'ils mourraient tous les deux le même jour et au même moment. Pour se perfectionner dans les sciences occultes, il avait parcouru bien des pays, et s'était arrêté long-temps à Naples; là il fit la connaissance d'une jeune Italienne, qu'il épousa et emmena avec lui à Prague, sa ville natale. Mais bientôt il fut obligé de se séparer d'elle : la cour de France le demandait, et il resta absent plus d'un an. Il revint enfin, chargé d'or et de riches présens. Ivre d'impatience et d'amour, il se rendit en hâte auprès de son épouse, tenant dans ses mains une cassette pleine de bijoux et un magnifique poignard qui lui étaient destinés. Quelle fut sa surprise en la voyant! Un enfant dormait sur ses genoux, un enfant qui comptait à peine quelques jours d'existence! Il s'arrêta et lança sur elle un épouvantable regard. La malheureuse tomba à ses pieds, et lui avoua en sanglotant qu'elle avait eu la faiblesse de céder au chevalier de Hohnstein. Furieux, l'astrologue enfonça aussitôt le poignard dans le sein de l'infidèle, qui ne tarda pas à expirer. Quant à l'enfant, il en eut pitié.

» Personne ne l'avait vu venir, il ressortit également sans être vu. Long-temps il erra de tous côtés, plongé dans un morne désespoir; enfin il se rendit à Hohnstein, et courut chez le chevalier pour l'immoler à sa vengeance. Le hasard voulut que celui-ci se trouvât seul; il prenait un bain. L'astrologue s'avança vers lui, et levant son poignard : « Tu m'as ravi l'honneur, s'écria-t-il, recommande ton ame à Dieu, car tu vas périr. — As-tu donc oublié ta prédiction, répondit le chevalier pâle et tremblant d'effroi? Tu sais bien que la mort de l'un de nous deux doit être le signal de la mort de l'autre. Laisse-moi la vie, et la moitié de mes trésors est à toi.

» Ces mots désarmèrent l'astrologue, il remit le poignard dans le fourreau, et les négociations commencèrent. Le chevalier lui assura pour toute sa vie la possession du château sur les ruines duquel nous sommes assis, et du village qui en dépendait. Il vint donc s'y installer, et s'y livra entièrement à son art. Deux fois l'an il allait voir l'enfant de sa femme, qu'il avait mise en pension à Olmutz; cet enfant grandit, et Berthe (c'était son nom), devint une jeune fille charmante. Mais l'astrologue se faisait vieux; toujours poursuivi par le souvenir de sa femme, dont Berthe lui offrait sans cesse la vivante image, il ne voulait point mourir sans avoir lavé son affront. Ce fut Berthe elle-même qu'il choisit pour l'instrument de sa vengeance. Il alla donc la chercher et l'emmena au château, où le chevalier de Hohnstein la vit et lui fit la cour sans savoir qui elle était. Vous savez le reste : ce fut Berthe qui plongea dans le cœur du chevalier ce même poignard par lequel avait péri sa mère, et le Vieux, paraissant aussitôt, dit au moribond, en accompagnant ses paroles d'un sourire diabolique : « Lâche séducteur, sache que c'est ta fille qui t'a frappé. » Puis, mettant le feu à un baril de poudre, il fit sauter la tour. Les gens du pays disent que toutes les nuits encore il vient errer autour de ces ruines avec Berthe et ses deux chiens, et beaucoup d'entre eux vous soutiendront qu'ils les ont vus. »

« Votre récit m'a intéressé, dis-je à Eugène ; mais je ne suis pas fâché d'en voir la fin, car je vous avoue que le sommeil me gagne ; d'ailleurs notre feu est éteint, et je crois que nous n'avons rien de mieux à faire que de nous souhaiter mutuellement une bonne nuit. Si pendant notre sommeil demoiselle Berthe et l'astrologue venaient pour nous lutiner, je pense que les ronflemens cyclopéens de notre guide suffiraient pour leur faire prendre la fuite. — Bonsoir donc. — A demain. » Et bientôt nous voilà tous les deux profondément endormis.

Le chant des oiseaux fut notre réveil-matin. « Voilà déjà une heure qu'ils ont commencé leur ramage, » nous dit notre guide pendant que nous nous frottions les yeux. Nous nous levâmes donc. Un brouillard épais s'étendait sur la montagne et sur la vallée, et le soleil, trop faible encore, luttait en vain contre lui. Peu à peu cependant les objets se dessinèrent derrière ce rideau de vapeurs qui devenait de plus en plus transparent. Enfin le soleil, retrouvant sa force, parvint à le déchirer, et nous apparut bientôt dans tout son éclat. Il me semblait plus radieux, plus beau que de coutume ; on eût dit qu'il voulait faire oublier à la nature la secousse qu'elle avait éprouvée la veille. Quelle matinée! et quelle nuit l'avait précédée! Une telle nuit, je défie les plumes les plus éloquentes de la décrire; Milton lui-même, qui nous a fait assister dans le paradis terrestre au bonheur de nos premiers parens, Milton n'eût point osé le tenter. La poésie peut nous redire les mugissemens de la tempête; elle peut nous faire frémir à la vue de Laocoon et de ses fils se débattant en vain sous les étreintes des serpens; mais comment s'y prendra-t-elle pour nous rendre le calme de la nuit, la fraîcheur des forêts, et la lune avec sa pâle et mélancolique clarté? Bien des auteurs nous ont raconté les événemens les plus remarquables de leur vie; mais ont-ils dit tout ce que l'homme éprouve dans certaines circonstances, tout ce qu'eux-mêmes ils ont éprouvé?

Pour aller à Schandau, nous avions à choisir entre plusieurs routes; nous prîmes la plus longue, celle qui passe par le village de Gossdorff et sur laquelle se trouve le Waizdorf, haute montagne couverte de bois et qui domine un charmant paysage. De là, nous descendîmes dans la vallée du Tiefegrund, une des vallées les plus profondes et les plus intéressantes de la Suisse saxonne. De chaque côté s'élèvent des rochers de granit et de grès, qui se dessinent de la manière la plus bizarre. La rivière de Waizdorf, qu'avait singulièrement enflée l'orage de la veille, se précipitait en bruyantes cascatelles entre les fentes des rochers; sur ses bords, le bouleau, le chêne et le pin entremêlaient leur feuillage. Enfin, après avoir passé Wendischfaehre, petit village près de l'Elbe, nous aperçûmes la ville de Schandau, assise au pied d'une montagne qu'ombragent des bois touffus.

Deuxième Promenade.

Schandau. — Kuhstall. — Prebischthor. — Hirnisckretschen.

Avant d'entrer à Schandau, on voit un morceau de roc dans lequel on a gravé le millésime de 1669 et deux faulx. C'est un espèce de monument consacré à la mémoire de deux amis, dont il faut que je raconte ici la touchante histoire.

Deux jeunes paysans, riches et bien faits, et qu'unissait

l'amitié la plus tendre, courtisaient la même jeune fille. Quel était le préféré, on n'en savait rien, et peut-être n'en savait-elle rien elle-même. Cependant l'un et l'autre la pressaient de se déclarer. Enfin le jour de la fête du village, ayant sans doute pris conseil de son père, ancien hussard prussien, qui après Dieu et sa fille n'aimait rien autant que son vieux sabre, Rose (c'était son nom) leur annonça qu'elle donnerait sa main au plus brave et au plus fort des deux. Grand fut d'abord leur embarras, car où trouver l'occasion de montrer leur bravoure? Après s'être long-temps creusé la tête, ils finirent par décider qu'ils se battraient en duel, sous les yeux même de leur maîtresse, et que celle-ci serait la récompense du vainqueur. Le rendez-vous est indiqué pour le lendemain sur le rocher qui se trouve devant la ville. A l'heure dite, la jeune fille, qui seule est dans le secret, arrive; les deux prétendans l'attendaient déjà. Ils s'étaient parés des rubans que dans maint jour de fête ils avaient reçus d'elle, une faulx toute neuve brillait dans la main de chacun d'eux. En la voyant paraître ils se sentent émus; mais reprenant courage, ils s'avancent vers elle, et lui demandent d'une voix assurée si elle persiste dans sa résolution de la veille: — Oui, répond l'imprudente jeune fille; je l'ai dit, et je le répète encore ici, c'est au plus brave que j'appartiendrai. — Alors les deux amis lui serrent la main; hélas! elle était loin de prévoir que c'était pour la dernière fois! puis, se jetant dans les bras l'un de l'autre, ils se tiennent quelques momens embrassés. Le souvenir de quinze années d'union fait battre leurs cœurs, et des larmes sont près de s'échapper de leurs paupières... Malheureux jeunes gens, pourquoi les retenir? Mais l'amour-propre, mais je ne sais quel sentiment qu'ils ne peuvent s'expliquer eux-mêmes l'emporte sur la tendre et sainte amitié : ils se placent, ils se mesurent, et le combat commence. Les faulx se lèvent, s'abaissent, se croisent, et la pauvrette est là qui regarde, croyant encore que tout cela n'est qu'un jeu. Mais un combat à la faulx ne peut durer long-temps : déjà le sang coule. A cette vue, la jeune fille épouvantée fait entendre d'horribles cris; elle veut se jeter entre les deux amis..... O désespoir! L'un d'eux est tombé mort devant elle. L'autre jette aussitôt son arme loin de lui, et se précipite éperdu sur le corps de son frère, qu'il inonde de ses baisers et de ses larmes; il se déchire la poitrine, il maudit son amante, il se maudit lui-même. La pauvre fille cherche à le calmer et lui tend la main; mais il la repousse dédaigneusement. Enfin, après avoir serré une dernière fois la main glacée de la victime, après lui avoir dit un dernier adieu, il se lève et disparaît.

Neuf ans se sont écoulés, et personne ne sait encore ce qu'il est devenu. Un jour un cuirassier prussien, dont le régiment était venu camper sur l'autre rive de l'Elbe, entre dans le cabaret du village de Waizdorf. Tout en buvant sa bouteille de bière, il demande des nouvelles du vieux hussard. — Oh! lui répond-on, il y a long-temps que le vieux Peter est mort. — Et sa fille? — Rose? ma foi, la pauvre enfant a bien perdu; si encore elle était mariée! mais non, elle a refusé je ne sais combien de partis; elle veut mourir fille, dit-elle, et c'est pitié de voir comme elle est triste et changée. Dam! depuis neuf ans ça ne fait que pleurer. — Le cuirassier n'en voulut pas entendre davantage. Il vide son verre d'un trait, sort, et se dirige vers la maison de Peter. Rose filait assise devant la porte : sa figure était pâle, ses traits amaigris, ses yeux presque éteints. C'est vous, Rose! dit le soldat. — A ces mots, elle lève la tête, et pousse un cri de surprise et de joie, car elle a reconnu son amant, celui qu'elle croyait perdu pour toujours. Elle s'est élancée vers lui, et elle veut se jeter à son cou ; mais il la repousse encore, comme il l'avait repoussée neuf ans auparavant. — Je n'ai pu résister au désir de vous voir une dernière fois, lui dit-il d'une voix émue; que l'ombre de mon ami me pardonne cette faiblesse, ce sera la dernière. Adieu, tâchez d'être heureuse. » — Il la quitte à ces mots, et se rend sur le fatal rocher. Cependant les habitans du village ayant appris son retour, se rassemblent et se mettent à sa poursuite, armés de fourches et de bâtons. Ils le trouvent priant sur la tombe de son ami, et les voilà qui forment autour de lui un cercle immense, en proférant d'horribles menaces. Mais lui se relève, et brandissant son sabre, il s'écrie d'une voix tonnante : « Que nul de vous ne m'approche ni ne cherche à me barrer le passage; le premier qui le tente je l'étends mort à mes pieds. » — Puis les laissant tous ébahis, il descend lentement le rocher, traverse la vallée, passe le fleuve et rentre dans le camp prussien. Le lendemain son régiment partit pour la Bohême. On n'entendit plus parler de ce malheureux jeune homme; sans doute il trouva dans quelque bataille une mort digne de lui; quant à Rose, sa douleur et ses remords ne tardèrent pas à la conduire au tombeau.

Ceci n'est pas une simple tradition: c'est une histoire réelle. Les bons villageois des environs de Schandau sont heureux quand ils peuvent la raconter; et aucun d'eux, jeune ou vieux, ne passe jamais devant le rocher des *Deux Fauls* sans s'arrêter et se découvrir.

La ville de Schandau, dont le nom signifie *Pré infâme*,

s'élève sur les rives de l'Elbe. Des rochers de grès fort escarpés et d'énormes montagnes la défendent des deux côtés; ces montagnes sont couvertes d'épaisses forêts de pins, parmi lesquels on aime à rencontrer quelques groupes de vieux chênes et de hêtres à la verdure plus claire et plus riante. Au nord de la ville on aperçoit la montagne de Kieferischt, avec quelques restes d'un ancien château. En 1467, déjà Schandau avait le titre de ville. C'était à Schandau que la cour de Saxe allait recevoir les souverains d'Autriche qui venaient lui rendre visite; trente vaisseaux richement ornés les y attendaient pour les conduire par l'Elbe jusqu'à Dresde. Les paysans étaient chargés de battre les montagnes et d'en chasser tout le gibier vers le fleuve, afin que les augustes voyageurs pussent de leurs vaisseaux en abattre quelques pièces. La ville de Schandau eut beaucoup à souffrir pendant la guerre de trente ans, et surtout en 1639; elle fut aussi fortement endommagée par les débordemens de l'Elbe, dans les années 1784, 1799 et 1827.

A un quart de lieue de la ville, au milieu d'une prairie, dans la vallée de Kirnitsch, se trouvent des bains d'eau minérale; la source qui les alimente jaillit du pied d'un roc de grès. Cette source était déjà connue au commencement du siècle dernier. En 1730 on creusa une citerne, mais c'était plutôt pour mettre la prairie à sec que pour y conserver l'eau. Bientôt la source acquit quelque réputation dans le pays, et cependant elle n'en resta pas moins négligée; on se contenta de l'entourer d'une mauvaise muraille. En 1799 l'eau minérale de Schandau fut analysée de nouveau, et plus exactement. Alors s'éleva la maison des bains, et l'on construisit successivement plusieurs autres bâtimens pour loger les baigneurs. Plusieurs sources abondantes, et plus salutaires encore que la première, ne tardèrent pas à être découvertes; aujourd'hui il en existe neuf. L'eau de ces sources est extrêmement claire, mais elle se trouble par l'ébullition; elle est astringente, et sa chaleur s'élève à dix degrés Réaumur sous une température atmosphérique de dix-huit à vingt-deux degrés. Les rhumatismes, les gouttes, les hémorrhoïdes, les affaiblissemens de nerfs, le malaise causé par les mauvaises digestions, les spasmes, résistent rarement à on action. Chaque source fournit par seconde cent quatre-vingts pieds cubes d'eau, qui sont versés dans un réservoir en pierre assez grand pour en contenir six cent quarante.

La maison des bains porte l'inscription suivante :

Balnea, vina, Venus corrumpunt corpora nostra ;
Conservant eadem balnea, vina, Venus.

Aux bains de Schandau ce ne sont pas les plaisirs bruyans et tumultueux de Baden-Baden, de Wiesbaden, de Tœplitz, etc. Point de bals, point de concerts, point de spectacle; mais à quoi bon? N'est-ce pas assez de ces fraîches vallées où l'air est si pur, si doux, si embaumé; des promenades du soir au bord du fleuve; des courses sur les rochers, où les plus agiles aiment tant à se défier, où les maladroits donnent si souvent à rire; enfin de ces petites réunions intimes où l'on cause comme en famille, avant tant de gaîté et d'abandon?

Tout près de la maison des bains, on voit dans un creux de rocher le buste de Luther, qu'on y a placé le 17 octobre 1817; au bas se trouve cette inscription :

Fine feste Burg ist unser Gott.

Ce qui veut dire :

Notre Dieu est une puissante forteresse.

De là un charmant petit sentier conduit sur le Karlsruhe, rocher qui s'avance au loin sur la vallée ; il faut nous y arrêter un moment, car un admirable paysage va se dérouler sous nos yeux. Tout devant nous est le Lilienstein dont nous avons déjà parlé : plus loin Schandau, Postelwitz et Krippen, et les rives de l'Elbe couvertes d'une foule innombrable de pêcheurs et de tailleurs de pierre qui, tout en travaillant, saluent de leurs chants joyeux les nombreux vaisseaux qui sillonnent le fleuve ; à notre gauche le Rabenstein (pierre des Corbeaux) ; puis dans le lointain le Kœnigstein (pierre du Roi) et le Papststein (pierre du Pape). A une demi-lieue du Karlsruhe, tout à côté du village d'Ostrauer, est un énorme rocher du haut duquel on découvre plus de trente montagnes de la Suisse saxonne : toutes ces montagnes portent des noms d'animaux, de fleurs, de souverains, d'hommes célèbres, qu'elles doivent, les unes au seul caprice, les autres à quelque fait historique, à quelque événement touchant. Il y a, à partir de ce point, une fort jolie promenade à faire : on traverse l'Elbe, et en suivant la rive gauche du fleuve, le long de laquelle on rencontre à chaque pas des massifs d'arbres fruitiers ou de belles plantations de houblon, on va dîner au village de Krippen ; puis, lorsque le soleil vient frapper de ses derniers rayons la cime du Lilienstein, on repasse l'Elbe de nouveau, et l'on revient à Schandau par la rive droite.

Kuhstall.

Eugène et moi voulûmes visiter les lieux d'alentour dans tous leurs détails. Nous partîmes de Schandau de très bonne heure; nous prîmes donc la route qui longe la rive gauche du Kirnitsch; cette route était peuplée d'innombrables essaims de papillons voltigeant autour des rochers et venant parfois s'abattre sur la verdoyante prairie. Après ces légers voyageurs, nous en rencontrâmes trois autres d'une espèce fort différente ; c'étaient les trois Anglais dont nous avions fait connaissance dans notre hôtel à Schandau. Ils étaient gravement occupés à la pêche, et depuis toute une semaine cet innocent plaisir remplissait du matin au soir chacune de leurs journées. C'est ce que nous avait appris l'aubergiste ; ce sont, nous disait-il, mes meilleurs hôtes; ils font forte dépense et me donnent peu d'embarras. Le matin, dès cinq heures, ils sortent de l'hôtel, munis de tout l'attirail nécessaire à la pêche; ils ont soin de m'indiquer le lieu où ils se rendent, pour qu'à onze heures je puisse leur envoyer un confortable déjeûner. A cinq heures du soir, ils rentrent, se déshabillent, dînent de grand appétit, puis ils prennent un bol de punch; dès que le dernier verre est vidé, ils montent dans leurs chambres, où par mes soins, chacun d'eux trouve sur sa table une bouteille de champagne. Voilà l'histoire quotidienne de ces Anglais, et le mauvais temps peut seul y apporter quelque variante. — C'est là, dit Eugène, une bizarre manière de voyager. — Nous passâmes devant les trois Anglais sans nous arrêter, et les saluâmes. Ils répondirent par une muette inclination de tête, pour ne pas mettre en fuite le poisson. Mais à peine avions-nous fait quelques pas, que l'un d'eux s'écria plein de joie : Voici le vingt-unième ! C'était un malheureux fretin qui venait de mordre à l'hameçon. Mais peu importait la qualité : c'était la quantité seulement que chaque pêcheur ambitionnait, car, d'après ce que nous avait encore dit l'aubergiste, celui qui avait pris le moins de poissons devait payer le bol de punch. — Nous arrivâmes bientôt au pied d'un rocher dénudé, qu'on nomme le Kroatenschlucht : ce nom indique que pendant la guerre de sept ans ce roc a servi de refuge aux Croates. Une large vallée s'étendait devant nous, et sa nappe verdoyante, étalant toutes les richesses de la végétation, était bordée tout alentour d'épaisses et sombres forêts. A gauche de cette vallée, en commence une autre, celle du Hœlle (vallée d'Enfer), qui se prolonge jusqu'à Birckenberg ; à droite, plusieurs gorges conduisent à une longue chaîne de rochers, d'où s'élance en cascades, d'une hauteur de quatorze pieds, la rivière du Benthen. Nous traversâmes ensuite la caverne de la Metze, à l'issue de laquelle se trouve le Haidemühl (moulin des Païens), qu'abrite un roc élevé dont la pointe s'avance en saillie au dessus du moulin. Ce roc vraiment gigantesque, et dont les flancs perpendiculaires ont six cents pieds de hauteur, offre sur son large sommet une vue des plus ravissantes. Jadis sur ce sommet s'élevait un château qui fut détruit dès le XVe siècle, et dont le propriétaire fit bâtir ensuite le bourg de Neu-Wildstein sur le plateau du Kuhstall.

Après avoir contemplé, du haut de ce roc, le magnifique panorama dont il est le centre, nous retournâmes au moulin, pour y prendre quelques rafraîchissemens ; puis nous allâmes, du côté opposé, admirer la chute d'eau de Lichtenhain ; les eaux, d'une hauteur de trente-cinq pieds, tombent dans une grotte avec un bruit formidable, puis se rassemblent dans un bassin creusé entre les rocs et vont paisiblement continuer leur route à travers la belle vallée du Kirnitsch. Plus loin, s'offrit à nous la source renommée du Munzborn, dont nous goûtâmes l'eau pure et fraîche; puis, après avoir encore passé entre des roches nombreuses, nous parvînmes enfin au fameux Kuhstall.

Figurez-vous un acteur qui, caché derrière les coulisses, entre tout-à-coup sur la scène et se trouve en face d'un nombreux parterre : telle fut la brusque transition que nous éprouvâmes, en trouvant sur le Kuhstall une nombreuse et bruyante société. Dans les vallées paisibles que nous venions de parcourir régnait une profonde solitude. Ici, au contraire, s'agite une foule tumultueuse ; ici, retentissent à la fois et les voix des chanteurs, et les sons de la harpe, et le cliquetis des verres, et les cris de joie des buveurs se répandent en foule sur tous les points de cette voûte immense qui compose le Kuhstall. Mais ce qui nous frappa bien davantage, ce fut la magnifique échappée de vue qui se prolonge au travers de la voûte. Nous prîmes place sur un banc taillé dans le roc ; aussitôt une jeune et jolie fille se présente et nous demande ce que nous voulons prendre. Nous faisons apporter du vin, et le trouvons excellent. Ensuite, un énorme registre nous est présenté : c'est celui qui contient la liste des voyageurs ; nous y inscrivons nos noms. Parmi la foule qui nous environne, se distingue, radieux de joie et de bonheur, un jeune couple conjugal avec une suite nombreuse ; les nouveaux mariés sont venus célébrer au Kuhstall ce jour solennel, qu'on est convenu d'appeler le plus beau jour de la vie.

Le Kuhstall est un des phénomènes les plus curieux de la contrée. Représentez-vous une immense voûte formée sur le haut d'une montagne par des rochers dont les extrémités supérieures se touchent tellement qu'ils semblent ne composer qu'un seul et même morceau. Jamais arc de triomphe élevé pour éterniser la gloire militaire d'un peuple ou d'un conquérant ne présenta une masse aussi imposante que cet arc jeté là par un caprice de la nature. La voûte a soixante six pieds de haut, et sa largeur est bien plus considérable. A l'époque de la guerre de trente ans, dont ce pays ressentit pendant dix années les terribles effets, les paysans d'alentour vinrent s'y réfugier avec leurs bestiaux; de là le nom de *Kuhstall*, qui signifie *écurie des vaches*. Un ingénieux spéculateur a eu l'idée de s'y établir; il vend à boire aux nombreux voyageurs et curieux qui viennent là presque chaque jour. Il faut voir comme il a tiré parti de toutes les crevasses, de toutes les ouvertures que la nature, le temps ou la main des hommes ont pratiquées sous cette voûte; de l'une il a fait son cellier, de l'autre son garde-manger; celle-ci lui sert d'armoire, etc., etc.; et toutes se ferment par des portes adroitement et solidement construites. A l'autre extrémité la voûte n'a que vingt pieds de haut sur trente de large. Plus haut encore sur la montagne se trouve la grotte du Wochenbett (lit des Couches), ainsi nommée parce que c'était là qu'en temps des guerres les femmes des villes et des villages d'alentour venaient accoucher. Sur le sommet se voient encore çà et là quelques traces d'anciennes habitations; on y a aussi trouvé plusieurs pièces de monnaie du XIVe siècle.

Sur un rocher voisin, séparé du Kuhstall par un précipice d'une profondeur effrayante, est une autre grotte qu'on appelle le *Schneiderloch*, ou *Trou du Tailleur*. D'où lui vient ce nom, c'est ce que j'ignore; toujours est-il qu'à l'entrée on aperçoit une énorme paire de ciseaux sculptée dans le roc. La tradition rapporte que ce lieu servait de repaire à un voleur fameux qui autrefois désolait la contrée. Non loin de là est une troisième grotte: le *Pfaffenloch*, ou *Trou du Prêtre*. Au XV° siècle, le desservant de la commune hussite de Lichtenheim, poursuivi par ses ouailles qui lui avaient déclaré une guerre à mort, courut se réfugier dans cette grotte où il resta long-temps caché; mais on finit par l'y découvrir, et le pauvre diable, malgré ses supplications et ses signes de croix, fut jeté tout vivant du haut du rocher au fond du précipice.

Quand de ce point élevé on jette les yeux autour de soi, l'on ne voit que des rochers. C'est le Winterberg (montagne d'Hiver), les Speichenhoerner, le Lange Horn (la longue Corne), le Affenstein (rocher des Singes), le Schrammstein, le Falkenstein (rocher du Faucon), le Hohe Liebe (grand Amour). Plus loin, le Papststein (rocher du Pape), qui s'élève à une hauteur de mille trois cent quatre-vingt-quatorze pieds, et le Baerstein (rocher des Ours). Entre le petit Winterberg et le Kuhstall on aperçoit vers l'est le Wildenstein. Nous voici enfin sur le rocher des Singes. Certes, je n'ai pas l'esprit contrariant, et je suis assez volontiers, en voyage surtout, de l'avis de tout le monde; mais on aura beau chercher à me persuader, jamais je ne parviendrai à voir dans la forme de ce rocher un moine qui prêche et des singes qui l'écoutent assis sur leur derrière. Mais il y a des gens qui voient tout ce qu'ils veulent.

Bientôt on se trouve sur le petit Winterberg. Là, dans une petite maisonnette qui sert de rendez-vous aux chasseurs, on montre aux curieux une table en pierre sur laquelle on a gravé le récit d'une aventure de chasse arrivée en 1558 à l'électeur Auguste. Il poursuivait un magnifique cerf; l'animal, réduit aux abois, se tourna contre le prince : « Moi ou toi, » s'écria Auguste, et portant au cerf un coup mortel, il le fit rouler au fond du précipice. Son fils Christian fit bâtir à l'endroit même où cela s'était passé la maisonnette dont nous venons de parler, et planta au dessus de la porte d'entrée le bois du cerf qu'avait si adroitement tué son père. Les villageois des environs prétendent que toutes les nuits on voit sur le petit Winterberg un cortége de fantômes couverts de manteaux bleus et portant des chapeaux garnis de plumes galoper jusqu'au jour sur de magnifiques chevaux blancs. C'est la chasse de l'électeur Auguste. Vous voyez que là, comme partout ailleurs, le paysan vit au milieu des superstitions: mais celles-là du moins ne lui font faire de mal à personne.

Le grand Winterberg, qui s'élève à mille quatre cent six pieds au dessus de l'Elbe, est encore plus intéressant que le petit Winterberg. Nulle autre part, dans toute la Suisse saxonne, on ne jouit d'un plus superbe coup d'œil. Vers l'ouest, cette montagne va se confondre avec les monticules et les vallées que l'Elbe arrose après s'être péniblement frayé un chemin à travers les rochers dont nous avons tout à l'heure fait mention. En regardant vers le nord, l'œil suit le cours de l'Elbe jusqu'à Pilnitz. Dans le lointain on distingue le Hahneberg (montagne du Coq), qui se trouve dans le voisinage de Putzkau, le Keulen, l'Augustberg et les pointes du château de Moritzburg; puis encore plus de cinquante montagnes ou rochers dont le lecteur nous dispensera sans doute de lui donner l'aride nomenclature.

Tout le sommet du grand Winterberg est composé de basalte noirâtre.

Lorsque nous eûmes suffisamment admiré tout cela, notre guide nous proposa de faire un détour pour aller voir le Schneeberger-Loch. Sa proposition fut agréée; car, piétons courageux, nous ne demandions pas mieux que de tout voir. D'abord nous traversâmes la forêt du petit Winterberg; puis se présenta un chemin appelé *Reitersteige*, ou chemin des cavaliers; comme nous n'étions pas à cheval, nous le quittâmes bientôt, pour nous aventurer dans un sentier très dangereux, qui à tout moment nous conduisait sur le bord de quelque précipice. Il faut, quand on passe par là, avoir bonne tête et bonnes jambes. Ajoutons qu'à chaque pas nous nous trouvions engagés dans des buissons de mûriers, et qu'il nous fallait prendre les plus grandes précautions pour ne pas y laisser quelques morceaux de nos vêtemens. Nous montions, nous descendions, nous sautions de rochers en rochers. Enfin nous arrivâmes sur un bloc saillant, large à peine de six pas, et qui s'élevait à plus de huit cents pieds au dessus de la vallée. C'est de là qu'on voit le Schneeberger-Loch, horrible précipice au fond duquel l'œil ne plonge qu'avec effroi. Il serait difficile de trouver dans toute la Suisse saxonne un endroit plus nu, plus aride; et cependant partout aux alentours se présente une végétation si belle! Nous étions environnés de précipices de trois cents, de six cents pieds de profondeur, et de l'un à l'autre il n'y avait quelquefois que douze à quinze pas. L'on se demande s'il est possible qu'on soit arrivé là par un chemin, et on est tenté de croire qu'on y est tombé du ciel. Jamais nous n'avions eu tant de mal; aussi saluâmes-nous d'un *vivat* la chétive auberge du grand Winterberg où nous revenions pour passer la nuit. Le soleil était près de se coucher; et quoique nous fussions exténués de fatigue, nous nous arrêtâmes un moment pour jouir de ce spectacle, vraiment magnifique à voir d'une hauteur de mille quatre cents pieds.

En arrivant à l'auberge, nous trouvâmes un voyageur allemand qui venait comme nous y passer la nuit. La connaissance fut bientôt faite. Un convive de plus nous parut une bonne aubaine ; c'était comme un joyeux épisode jeté au milieu de notre voyage. Notre souper ne tarda pas à être servi; il n'était pas des plus reconfortables, mais quelques bouteilles d'assez bon vin nous aidèrent à le trouver exquis. La conversation s'anima, et de sujet en sujet on finit par tomber sur l'état actuel de la Saxe et des différens pays de la confédération germanique.

« Que toutes ces contrées que baigne l'Elbe, dit l'étranger, pourraient être heureuses! La nature leur a donné tout pour cela ; mais il faut que l'homme s'oppose constamment aux vœux de la nature. Au lieu de la laisser répandre librement ses bienfaits, il établit des lignes de douanes pour que les produits de tel pays ne puissent pénétrer dans les pays voisins; il écrase le peuple d'impôts pour que le peuple se prive de tout ce que la nature lui avait si libéralement accordé. En vérité, s'il le pouvait, l'homme empêcherait le soleil de luire pour tout le monde. — *Wartets ab* (attendez), répondit Eugène; c'était la devise de mon père, et, ma foi, c'est aussi la mienne. Lorsque les Français vinrent dans notre pays, dévastant et pillant, plantant partout l'arbre de la liberté, transformant les églises en écuries, les maisons en casernes, et brutalisant tous ceux qui ne voulaient pas les saluer du nom de libérateurs, on pensait que cela durerait toujours, et l'on se désespérait ; *wartets ab! wartets ab!* disait mon père. Lorsque Napoléon (faut-il le bénir ou le maudire?) étreignait le monde de ses bras de fer, comme

pour l'écraser, l'Allemagne crut que c'était fait d'elle et qu'elle allait passer pour toujours sous le joug de l'étranger; alors aussi mon père répétait son éternel *wartets ab*; et comme on lui demandait s'il voulait qu'on attendît jusqu'à la fin du monde, il répondait par ce vieux proverbe : « L'arc qui est trop tendu se brise. » Enfin il dit encore de même lorsl'Allemagne, se relevant après la chute du colosse, crut avoir retrouvé tout ce qu'elle avait perdu. — L'étranger, prenant alors la parole : « Après la bataille de Leipzig.... »
— Ah! oui, dis-je en l'interrompant, ce jour que vous prétendez avoir été pour l'Allemagne le jour de la liberté! — Monsieur, ce fut un grand jour; et vive l'Allemagne, quand même! — Peu importe, reprit Eugène, la pièce est jouée, les feux qu'on avait allumés sur les montagnes pour la liberté sont éteints. Rien n'est plus facile à conduire que le peuple, quand on le connaît. Qu'un homme de résolution se présente, il est sûr d'entraîner les masses. L'espèce humaine est imitatrice de sa nature; vous connaissez le proverbe qui dit : « Un fou fera tout de suite dix autres fous, tandis que dix savans ne sont pas capables de faire un seul savant. » Le même instinct qui a fait adopter aux femmes les tailles courtes et les tailles longues, les chignons et les coiffures à la Titus, nous a fait adopter à nous une foule de systèmes et de méthodes : la poésie romantique et la poésie classique, les principes monarchiques et les principes républicains. « Rien n'est plus naturel (je prie le lecteur de se rappeler que c'est un Allemand qui parle), rien n'est plus naturel, ajouta Eugène, que de voir les zéros et les nombres se chercher réciproquement, car ils ont besoin les uns des autres. Dans tous les cas, comptez sur le *servile pecus*. Aussi ne manquera-t-il jamais d'écoles, de sectes, de partis, et

un peu de charlatanisme sera-t-il toujours indispensable. »

« Cependant, reprit l'étranger, l'époque dont nous parlions tout-à-l'heure est sans contredit une des plus belles de l'histoire d'Allemagne, de cette histoire qui semblable au Rhin finira peut-être par se perdre comme lui. »

Eugène, se tournant tout-à-coup vers moi et me prenant la main, me dit : « Pardon! notre franchise germanique nous a fait un moment oublier que nous parlions devant un Français ; mais notre intention n'était point de vous causer de la peine. — Oh! continuez, lui répondis-je en souriant ; ne connais-je point votre cœur? L'homme ne peut pas empêcher les événemens de suivre leur cours, et nul de nous ne peut échapper à sa destinée. Croyez-moi : l'Europe a beau vouloir étayer le vieil édifice social, il faut qu'il s'écroule. A force d'être savans nous avons perdu la raison; nous avons enterré la justice sous un immense amas de lois; il y a je ne sais combien de religions différentes, mais il n'y a plus de piété ; enfin la politesse a remplacé la franchise et la bonne foi. Si pour améliorer notre sort il ne fallait que des explications des droits de l'homme et du citoyen, que des lois et des constitutions, nous n'aurions certes rien à demander au ciel. Il est vrai que dans de beaux écrits on cherche chaque jour à nous prouver que nous sommes parfaitement heureux ; que du haut de la tribune parlementaire on ne cesse de vanter la prospérité toujours croissante dont jouissent les peuples; mais malheureusement ce ne sont là que des paroles, et pour changer le sort des peuples les paroles ne suffisent pas.

Les Anglais, ce peuple industriel et commerçant qui regarde les autres peuples comme des machines et trafique de leurs destinées ; les Anglais, ces bourreaux de l'Irlande, ces tyrans des Indiens, ces fléaux du monde civilisé, conservent cependant un caractère particulier qui me les fait admirer ; et malgré tous leurs vices, malgré tous les crimes dont ils se sont rendus coupables, je ne puis m'empêcher de dire que c'est une grande nation. Leurs mœurs, leur constitution, leur manière de vivre en font une nation unique, et les séparent du reste de l'humanité comme la mer sépare leur île du reste du continent. Voyez, au contraire, les Allemands : on les rencontre partout; ils circulent de pays en pays, comme la monnaie; ils sont doués d'une infatigable patience, et rien n'égale leur savoir. L'Allemand serait capable de composer un énorme in-folio sur la cuiller à pot, où il la décrirait si minutieusement, si fidèlement, que chaque peuple, chaque époque reconnaîtrait tout de suite la sienne. Accablé sous le poids de la misère, obligé de lutter contre le froid et la faim, il écrirait peut-être encore un ouvrage pour démontrer que nous vivons dans le meilleur des mondes possibles. On peut lui appliquer ce que Christine de Suède disait à un jeune savant : « Vous savez nommer une chaise en dix langues différentes, mais vous ne savez pas vous y tenir assis comme il faut. » L'Allemand est plein de sincérité et de bonne foi, et il n'y a rien à craindre de lui. Il est vrai que si on voulait attaquer ses rêveries métaphysiques, ses systèmes scientifiques, il n'en est aucun que son ontologie, sa téléologie, sa cosmologie, sa pneumatologie, sa théologie naturelle et politique ne pourrait faire accuser de haute trahison envers Dieu, la religion de l'état. Vous voyez, messieurs, que les choses les plus sérieuses ont leur côté plaisant. »

En ce moment l'horloge de l'auberge sonna minuit, et nous pensâmes qu'il était plus que temps d'aller prendre quelque repos. Nous priâmes donc l'aubergiste de nous conduire dans nos chambres. « Ma foi, messieurs, nous dit-il, je n'ai malheureusement que deux lits à vous offrir ; il faudra donc que deux d'entre vous couchent ensemble. » Voyant que cet arrangement ne nous convenait guère, il fit descendre trois larges matelas qu'il étendit à terre les uns à côté des autres; vrai lit de camp, que les fatigues de la journée nous firent trouver fort confortable.

Le Prebischthor.

En continuant le lendemain notre route vers le sud-ouest, nous arrivâmes devant une source très pure qui s'échappe du sein d'une forêt tout près des frontières de la Bohême. Vinrent ensuite des bois de myrtiles, au sortir desquels nous entrâmes dans la vallée de Prebischgrund. Là on s'arrête avec étonnement devant un bloc de rochers de plus de quatre cents pieds de hauteur, et que son isolement fait paraître encore plus gigantesque. A gauche, sur le penchant d'une montagne, s'élance le *Prebischhorn*, énorme rocher que d'un peu loin l'on prendrait pour une échauguette. Nous rentrons de nouveau dans la forêt, mais pour quelques momens seulement, car bientôt elle s'ouvre, et alors apparaît devant nous un arc plus surprenant encore que le *Kuhstall* dont nous avons ci-dessus donné la description : c'est le *Prebischthor*, qui a cent trente pieds de haut et à peu près autant de large. La nature n'a rien fait qui ressemble davantage à l'art. On peut y monter par un chemin dont la pente est très douce, et là on se trouve à mille trois cent dix-sept pieds au dessus du niveau de la mer. Je n'ai pas besoin de dire quel immense horizon l'on embrasse.

Sous la voute du *Prebischthor*, comme sous celle du *Kuhstall*, est établi une espèce de cabaret auquel on rend volontiers visite, altéré comme on l'est par la fatigue et la chaleur. Un verre de vin au milieu de ces rochers sauvages, c'est vraiment la manne dans le désert.

Nous allâmes donc rendre visite au cabaretier; et, fatigués comme nous l'étions, ce fut pour nous une grande joie de trouver quelques chaises inoccupées, car il y avait déjà là une société assez nombreuse, et nous étions à peine assis que d'autres voyageurs arrivèrent encore. On nous servit d'un vin assez médiocre, mais qui cependant se laissait boire; en effet, un de nos voisins, véritable Allemand, en avait déjà vidé à lui seul près de douze bouteilles, et il ne paraissait nullement disposé à s'en tenir là. Le vin l'avait rendu bavard, et la parole ne semblait être qu'à lui. Comme il vit que nous étions en admiration devant sa soif: « Ma foi, s'écria-t-il, quand l'estomac est léger, la tête est lourde. Il est facile aux riches d'être des héros, car ils ont toujours à leur disposition les meilleurs vins, et ils ne s'exposent jamais aux dangers. Un imbécile qui questionne a l'air plus savant que le savant même qui est obligé de lui répondre. Je m'appelle Peter; et je dis qu'il y a en moi deux *Peters*, tout-à-fait différens l'un de l'autre et qui gouvernent ma personne à tour de rôle. Souvent le Peter détrôné s'avise d'adresser à l'autre des conseils et des remontrances, quelquefois même il se moque de lui; mais son antagoniste, se sentant le plus fort, fait la sourde oreille et le laisse crier sans s'en inquiéter le moins du monde. C'est la manière d'agir de tous les gouvernans. Aujourd'hui c'est le *Peter* sans souci qui règne; il me dit : « Jouis de la vie, car tout est passager, et bientôt peut-être tu ne seras plus. » Que serait la vie, avec ses continuels mécomptes, si la joie, cette fille du ciel, ne venait s'asseoir à nos côtés? Les générations disparaissent et font place à des générations nouvelles, comme les vagues de la rivière que nous voyons couler là bas. Le temps est un fleuve dont les flots toujours renouvelés vont se perdre incessamment dans la vaste mer de l'éternité. » Nous aurions pris plaisir à écouter plus long-temps cet aimable et joyeux philosophe; mais nous avions encore beaucoup de chemin à faire, et l'heure nous pressait. Nous le laissâmes donc en compagnie de ses bouteilles, lui souhaitant d'avoir le plus souvent possible pour maître le Peter qu'il venait de nous montrer.

Notre guide nous conseilla d'aller visiter l'Arnstein et le Kleinstein, et au retour le village de Hirniskretschen. Nous commençâmes par franchir la montagne de Boeckhorn, située en face du Prebischthor, qui, vu de ce point, produit un effet encore plus merveilleux. Puis se présenta la vallée du grand Zschand, la plus belle de cette partie de la Suisse saxonne; nous marchions entre deux haies de romarins sauvages qui répandait tout autour de nous un parfum délicieux. Là se trouvent les *Goldstein* et le Baerfangwaenden; plus loin est une caverne dans le même genre que celle du *Kuhstall*, mais moins célèbre; c'est là que les pauvres bûcherons viennent ordinairement passer la nuit, ou se mettre à l'abri de l'orage. Ensuite s'offrit à nous le Raubstein, roche de grès colossal; une caverne creusée dans l'intérieur conduit par un escalier commode jusque sur le sommet, où l'on voit encore les restes d'un ancien château fort. L'Arnstein, dont nous avait parlé notre guide, mérite vraiment qu'on se donne la peine de le gravir, ne serait-ce que pour l'admirable vue dont on y jouit. En bas il est tout percé de grottes; sur le sommet était autrefois un château, dont il n'existe plus que le puits, qui est extrêmement profond.

Quel chemin fatigant que celui qui conduit sur le Kleinstein! si toutefois l'on peut appeler chemin un sentier tellement étroit que deux personnes peuvent à peine y marcher de front; et escarpé, Dieu sait! Aussi étions-nous presque obligés d'aller à quatre pattes. Sur le côté se prolongeait un ravin dans lequel à chaque pas nous risquions d'aller faire la culbute. Heureusement ni le courage ni la gaîté ne nous manquaient. Après de longs et pénibles efforts nous arrivâmes enfin devant une voûte très élevée que la nature semble avoir jetée là dans un de ses momens de caprice. Nous nous assîmes sur des quartiers de roc taillés en forme de bancs, tant pour nous reposer, ce dont nous avions grand besoin, que pour jouir plus à notre aise du magnifique paysage qui se déroulait autour de nous. Il y a plus de cent marches à descendre pour aller de cet endroit dans la vallée de *Herzgrundel* (vallée du Cœur). Cette vallée est aussi jolie que son nom. On y a placé des bancs de distance en distance, de sorte que l'on dirait un véritable jardin. Une autre vallée, qui s'embranche avec celle-ci, s'ouvre bientôt à votre gauche: c'est le *Prebischgrund*, remarquable par une voûte formée par la rencontre d'immenses rochers sur la pointe d'une montagne conique. Quels efforts n'a-t-il pas fallu à la terre pour déchirer, pour briser ainsi sa surface, et faire jaillir de son intérieur de si énormes masses! Notre guide eut soin de nous faire remarquer une crevasse contre laquelle passe la petite rivière de Biel en frappant de ses eaux écumantes des blocs de rochers. Nous suivîmes cette rivière, et bientôt nous arrivâmes au bord de l'Elbe et au village de Hirniskretschen.

Hirniskretschen.

Ce village, remarquable par sa belle position à l'embouchure du Kamnitzbach, appartient au prince de Clary. L'église, placée sous l'invocation de saint Népomucène, s'aperçoit de fort loin. Quand vous vous trouvez sur l'Elbe au moment du coucher du soleil, vous ne pouvez résister, si vous êtes artiste, au désir de reproduire sur votre album ce joli village, avec son clocher et les montagnes contre lesquelles il s'adosse; il y a en effet là de quoi faire un paysage charmant. « Trouverons-nous ici quelque auberge passable? demandai-je à notre guide. — Oui, messieurs; celle du *Herrenhause* est renommée, et je vous jure que vous y serez bien. — Va donc pour le *Herrenhause*. » Nous nous y rendîmes, et fûmes reçus avec une grace sans pareille par la meilleure figure d'aubergiste que j'aie encore rencontrée. En entrant dans la salle, nous vîmes venir à nous l'Allemand avec lequel nous avions passé la nuit sur le grand Winterberg, et qui était venu par un autre chemin. On nous servit un petit dîner dont nous eûmes vraiment tout lieu d'être contens. « J'ai quelque chose à vous proposer, nous dit Eugène quand le repas fut terminé : la soirée est délicieuse; si nous allions faire une petite promenade sur l'Elbe? — Excellente idée! » Le bon aubergiste fit préparer aussitôt une gondole, et nous voilà voguant tranquillement sur ce beau fleuve par un clair de lune magnifique.

« Quelle différence, dit notre Allemand, entre l'Elbe et la Tamise! Ici quelques petites villes, quelques villages disséminés sur des rives où la nature règne presque seule; quelques gondoles, quelques petits bateaux sillonnant le fleuve pour établir d'un endroit à l'autre une communication paisible. La Tamise, au contraire, resserrée entre d'épaisses murailles, ressemble plutôt à un canal qu'à un fleuve. Elle est couverte de vaisseaux qui vont commercer avec le monde entier; sur ses deux rives une ville sans rivale étale ses palais, ses fabriques, ses magasins. Avouons, messieurs, que la nation anglaise, qui a su faire de sa capitale le centre du commerce, mérite à ce titre toute notre admiration.

» Je suis loin de vouloir le contester, répliqua Eugène; mais avouez à votre tour que c'est une nation bien bizarre. Je ne sache pas de peuple qui ait adopté un cérémonial plus humiliant que le peuple anglais. A-t-on une requête à présenter au souverain, une plainte à lui faire entendre, c'est à genoux, toujours à genoux; on viendrait lui annoncer qu'on ne veut plus de lui, ce serait encore à genoux qu'on le lui dirait. Et il ne faut pas voir dans ces génuflexions une preuve de vénération et de respect : le grand d'Espagne qui se présente devant son roi le chapeau sur la tête, est souvent sujet plus fidèle, plus dévoué que le lord anglais qui s'agenouille devant le sien.

» Peu de temps avant que Charles Ier eut rompu avec le parlement, ce prince, accompagné de quelques nobles et d'une suite peu nombreuse, se présenta devant la ville de Hull, demandant qu'on l'y laissât entrer. Les portes étaient fermées, et l'on avait levé les ponts-levis, d'après l'ordre donné par sir John Hotham, membre de la chambre des communes, que le parlement avait nommé gouverneur de la ville. Hotham se présenta sur les remparts pour parler avec le roi. Celui-ci lui ordonna d'ouvrir les portes, le menaçant, en cas de refus, de le faire juger comme coupable de haute trahison. Le gouverneur écouta le roi à genoux;

puis il le supplia très humblement de ne pas lui ordonner ce que son devoir et la nécessité lui défendaient de faire, ajoutant, en prenant le ciel à témoin, que sa majesté n'avait pas un sujet plus fidèle que lui. Il termina en déclarant, toujours à genoux, qu'il ne le laisserait pas entrer dans la ville.

» Il est à remarquer, dit Eugène, que de nos jours les peuples européens, ou, si vous aimez mieux, leurs représentans, penchent tous pour le gouvernement monarchique, qu'ils regardent comme le seul possible. Et en effet, quand je considère l'état actuel des choses, je crois qu'ils ont raison. Voyez les auteurs anciens qui ont écrit sur la politique, comme ils s'élèvent contre la démocratie; et notez bien que ce sont précisément ceux qui vivaient sous un gouvernement démocratique qui s'en montrent les plus chauds adversaires. Témoins journaliers de l'injustice, de l'inconséquence et de la légèreté du peuple, ils avaient fini par prendre en aversion un ordre de choses qui enfantait tant de troubles, qui était cause de tant de malheurs. Les philosophes et les hommes d'état n'aimaient nullement le tumulte des réunions populaires. Les Athéniens même regardaient comme leur époque la plus heureuse celle où Périclès était investi d'un pouvoir presque royal. La meilleure forme de gouvernement, selon Archytas, est celle qui se compose à la fois d'élémens monarchiques, démocratiques et aristocratiques. Ce que dit Pythagore est encore plus remarquable : « La base fondamentale de toute bonne constitution c'est la royauté; vient ensuite l'aristocratie, puis la démocratie; sagement combinées, elles forment à elles trois la meilleure constitution possible. » Telle est à peu près, ce me semble, la constitution anglaise. Platon disait que les peuples ne seraient heureux que lorsque la philosophie serait assise sur le trône. Tous les sages de l'antiquité avaient pour objet, dans leurs méditations, de trouver les moyens d'assurer le bonheur et la liberté des peuples; c'étaient des hommes d'état d'autant plus grands qu'ils étaient plus savans. Aujourd'hui on voit tout le contraire, du moins dans la plupart des états européens. Ordinairement les cabinets méconnaissent et dédaignent l'école qui les a formés; ceux qui cherchent à améliorer l'état social courent même le risque d'être poursuivis comme révolutionnaires. Singulier contraste entre les temps modernes et l'antiquité! »

J'avais remarqué que l'étranger gardait le silence, se contentant de sourire de temps à autre. « Comment! lui dis-je, vous ne prenez point part à la discussion? — Ma foi, messieurs, répondit-il, discuter sur la vie sociale et les formes de gouvernement, c'est, selon moi, pêcher avec des filets déchirés. A quoi bon toutes ces recherches pénibles pour trouver quel est le meilleur des états? Il serait plus facile de lancer des pois au travers d'une aiguille; et pour moi, j'aimerais mieux regarder le Hottentot qui, assis dans un coin, joue avec le bout de son nez. Vous vous efforceriez en vain de trouver une forme de gouvernement qui convienne également à tous les peuples; le même fruit ne croit pas sur tous les arbres. On a tant dit et tant écrit sur l'état et sur l'église, qu'il est devenu impossible de retrouver le texte au milieu de ce déluge de notes dont on l'a inondé. J'oserai presque dire qu'un Esquimau pense là dessus avec plus de bon sens et de justesse que bien des docteurs et des philosophes qui montent en chaire depuis vingt ans. Ce n'est pas l'ignorance qui nous rend malheureux, mais bien plutôt la trop grande quantité de connaissances superficielles. L'ignorance est comme un beau vase bien propre dans lequel on peut verser quelque liqueur que ce soit sans que cette liqueur s'altère ; tandis que l'on peut comparer le trop de savoir à un vieux pot sale : le meilleur vin, versé dans ce pot, prendra tout aussitôt le goût et l'odeur d'une des substances qu'on y avait déjà déposées. Voyez ce que nos hommes d'état ont fait de l'état, nos théologiens de la religion, nos jurisconsultes de la justice.

» On nie, répliqua Eugène, la vertu et la liberté, afin de n'être pas obligé de leur sacrifier, et on met sans cesse en avant la corruption générale. Il est vrai que la force et la ruse ont maintes fois usurpé le pouvoir, et que trop souvent le vice l'a emporté sur la vertu ; mais s'ensuit-il que le vice puissant soit plus heureux que la vertu persécutée ? La vertu veut-elle d'autre récompense que celle qu'elle porte en elle-même ? Doit-on faire ce qui est juste et bon dans le seul espoir qu'on en sera récompensé, comme l'ouvrier qui ne travaille que moyennant salaire, comme le spéculateur, le fabricant, que l'amour du gain fait agir ? Lors même que la vertu et la liberté ne se rencontreraient pas dans le monde des actions, elles devraient exister dans notre cœur. Certes les faits exercent sur le sort des peuples une action plus directe que les principes et les opinions : je citerai pour preuves Zama et Waterloo, l'invention du compas et de l'imprimerie, la navigation autour du cap de Bonne-Espérance, la découverte de l'Amérique, et même l'introduction de la pomme de terre en Europe. Mais sait-on au juste la part que les principes et les opinions, que les recherches des savans, que les arts ont prise dans les évènemens qui ont agité la société ? Convenez que le seul fait de la subdivision et du partage du sol en France a eu des résultats plus durables que toutes ces constitutions qui, après avoir fait tant de bruit à leur naissance, sont mortes sans que l'on s'en aperçût. Il n'en est pas moins vrai que la constitution qui décrétait ce partage était le fruit de la pensée et de la réflexion, et que sans elle les biens n'auraient jamais été partagés. Les peuples et les gouvernemens apprennent lentement, mais enfin ils apprennent, surtout quand il y va de leurs intérêts; et certes ils finiront tôt ou tard par se convaincre que le despotisme ne convient pas plus aux gouvernemens que l'anarchie ne convient aux peuples. La position dans laquelle nous nous trouvons aujourd'hui est une position forcée, qu'il est impossible que nous gardions long-temps. Nous ressemblons à ces cavaliers qui étant tombés de cheval, prennent pour y remonter un si grand élan qu'ils vont tomber de l'autre côté. Mais, je vous le dis et vous pouvez me croire, l'humanité parviendra à se mettre bien en selle et à s'y maintenir. »

Cependant, tout en philosophant ainsi, nous avions parcouru une assez grande distance. Nous donnâmes donc à notre batelier le signal du retour, et bientôt, grace à la rapidité du fleuve qu'alors nous redescendions, nous vîmes reparaître les maisons d'Hirniskretschen. Pendant que nous admirions de nouveau la situation vraiment pittoresque de ce joli village, nous entendîmes tout-à-coup des voix et des instrumens. C'était un concert sur l'eau. Hirniskretschen compte un assez grand nombre d'amateurs distingués qui tous les soirs se réunissent dans un batelet pour faire de la musique. Quand nous passâmes devant eux, ils exécutaient la délicieuse romance de Weber: *Einsam bin ich, nicht alleine*. J'ai entendu peu de voix aussi pures, aussi mélodieuses; celles-là allaient au cœur. Il est vrai qu'il y a dans cette romance, comme dans tout ce qu'a fait Weber, tant de charme, de grace, de mélancolie! La lune éclairait en ce moment les chanteurs, le village, les montagnes, tout le paysage enfin; et le bruit monotone mais bien cadencé des rames s'était changé en un merveilleux accompagnement. Tout cela était enivrant. Nous restâmes là, cloués sur la rive, jusqu'à ce que les instrumens eurent exhalé leurs derniers sons; ils avaient déjà cessé que nous croyions les entendre encore, et en regagnant notre auberge nous chantions nous-mêmes à demi-voix :

Einsam bin ich, nicht alleine (1)

Le lendemain au lever du soleil nous étions déjà sur pied. Nous nous embarquâmes de nouveau sur l'Elbe, et à huit heures nous nous trouvions à Schandau, faisant honneur à un fort joli déjeuner.

Après avoir satisfait notre appétit, nous demandâmes un guide, ce qui nous fut aussitôt procuré. Nous avions à parcourir dans cette journée la partie la plus montagneuse et la plus sauvage de la Suisse saxonne; mais rien ne pouvait plus nous effrayer; d'ailleurs on nous avait assuré que nous serions largement dédommagés de nos fatigues. « Allons, s'écria Eugène, reprenons chacun notre bâton de voyage, et en route. »

Sortons maintenant de Schandau en suivant la petite rivière de Kirnitsch. Nous arrivons d'abord sur le sommet du *Grauen* (roche Grise); un peu plus loin nous traversons le *Pfarrberg* (montagne de la Paroisse), et bientôt enfin nous apercevons la petite ville de *Sebnitz*, enfouie au milieu des

(1) Je suis solitaire, mais non seul.

montagnes. Autrefois il y avait la plus de neuf cents métiers de tisserands en pleine activité. Une lieue plus loin se trouve *Neustadt*, une des plus anciennes villes de la Suisse saxonne, et qui occupe aussi un grand nombre de tisserands. Tout près de ce dernier endroit est le Falkenberg, montagne haute de mille sept cent quatre-vingt-quatre pieds, et sur le dos de laquelle s'étend une forêt toute parsemée de blocs de granit, qui en se groupant forment tantôt des figures bizarres, tantôt d'assez profondes cavernes. Au pied de cette montagne, dans une riante vallée, est un village appelé Neukirch. Sur l'autre côté, des débris de vieux murs donneraient à croire qu'il y avait là quelque château; cependant l'histoire ne nous apprend rien à ce sujet. Mais il y a une tradition qui rapporte que deux frères étroitement unis, Valentin et Robert, s'étaient fait bâtir chacun un château, l'un sur le Falkenberg, l'autre tout en face sur le Ruprechtsberg; et que plus tard, des querelles s'étant élevées entre eux, les deux châteaux avaient été successivement pillés, incendiés et détruits. Un peu plus loin se présente l'Annaberg, sur le sommet duquel est une chapelle dédiée à sainte Anne, et bientôt après on entre dans la petite ville de Hainspach, résidence du prince de Salm-Reifferscheid. On y voit un assez joli château, bâti en 1737 par le comte Léopold de Salm. Le prince actuel, dont les états ne sont pas grands et dont le budget n'est guère lourd, fait tout ce qu'il peut pour embellir Hainspach et pour rendre heureux les quelques mille sujets auxquels il commande. Sa petite capitale lui doit une fort jolie promenade, une grande brasserie, et un hospice qui peut contenir douze lits, et où les malades sont chauffés, habillés et reçoivent chacun 16 kreuzer par jour.

Nous voici maintenant à la montagne de l'Unger, du haut

de laquelle notre vue embrasse tout le pays que nous venons de parcourir. Vers le sud s'élève le *Hohe Liebe* (Haut Amour). Le nom de ce rocher se rattache sans doute à quelque tradition touchante ; nous regrettons de ne pas la connaître. C'est ici la partie la plus montagneuse de toute la Suisse saxonne. Mais, diront nos lecteurs, vous nous faites faire une singulière promenade : des montagnes, des montagnes, et toujours des montagnes. N'est-ce pas assez, dites-nous, de toutes celles qu'il nous a déjà fallu escalader? — Oh! vous vous découragez bien vite! Mais songez que tout ce que vous avez vu n'est rien en comparaison de ce qu'il vous reste à voir : c'est la butte Montmartre à côté des Pyrénées. Allons, allons, du courage, et suivez-moi sur le Schrammstein.

Le sommet du Schrammstein est tellement escarpé qu'on ne peut y parvenir qu'à l'aide d'échelles; cette montagne est traversée par une large crevasse qui s'étend vers le bassin de l'Elbe. Il en est de même du Rauschenschloss, qui a dû anciennement être habité, et sur le sommet duquel sont éparpillés de petits groupes d'arbrisseaux. Voici maintenant les rochers du *Reischengrunder*, que la nature a jetés pêle-mêle les uns sur les autres, et qui forment par leur combinaison une foule de figures tout-à-fait singulières. Tirez dans ces rochers un coup de pistolet ou de fusil, vous l'entendrez retentir cinq fois. Un peu plus loin nous trouvons le *Bierwande*, le *Butterweck* (Pain de Beurre), et le *Mittagstein* (Pierre de Midi) qui sert aux habitans de l'autre côté de l'Elbe de cadran solaire; ils voient qu'il est telle ou telle heure quand l'ombre est parvenue au bord de telle ou telle des crevasses dont ce roc est déchiré. Après avoir traversé une étroite gorge appelée le *Schrammthor*, on se trouve devaut le *Falkenstein*, dont la tête orgueilleuse dépasse celle de tous ses voisins.

L'Arnstein est une montagne à quatre étages, ou plutôt ce sont quatre montagnes placées les unes sur les autres, et au pied de chacune desquelles se trouve une espèce de plate-forme qui en fait le tour. La tradition parle d'un château qui se trouvait anciennement sur le sommet de l'Arnstein, mais dont il ne reste plus la moindre pierre ; d'une jeune et belle chrétienne que le Burgrave avait enlevée et transportée dans ce château; et d'un prêtre qu'il avait fait venir de force pour célébrer son mariage avec elle.

Oui, je l'avoue, il faut être bien intrépide pour aller de propos délibéré s'enfoncer et se perdre dans cet inextricable labyrinthe. Pas un village, pas la moindre habitation, pas un pouce de terrain que la main de l'homme ait retourné. Rien que des rochers et des ruines, et par ci par là quelques arbrisseaux, quelques touffes de fougère. Et pourtant autrefois tout cela était habité ; mais par qui? Etait-ce vraiment des hommes, ces Burgraves qui s'étaient nichés là haut, et qui ne descendaient de leurs châteaux, ou plutôt de leurs tannières, que pour aller la nuit dans les campagnes mettre tout à feu et à sang? Ne vaut-il pas mieux, pour l'honneur de l'humanité, les assimiler aux loups et aux ours qui habitaient avec eux ces rochers?

Mais nous entrons dans la vallée de Grossen-Zschand : c'est une des vallées les plus romantiques de toute cette partie de la Suisse saxonne. On y trouve le *Teichstein*, rocher dans lequel est creusé un bassin assez vaste, qui autrefois, selon le peuple, contenait du poisson en abondance ; il y a aussi à voir la maison de chasse (Jagdhaus), l'arsenal et un rocher assez curieux, le Goldstein, dont les flancs escarpés sont couverts d'une espèce de lichen couleur d'or.

A cette vallée succède la vallée du *Habicht*, où d'abord l'on rencontre le Wildenstein, rocher colossal et entièrement nu, et qui au XV° siècle supportait un château que le temps ou les guerres ont entièrement détruit. Puis on passe sous le Reissers-Hoele, voûte immense formée par des rocs qui s'avancent considérablement sur la vallée, et l'on arrive au village de Hinterhemsdorf; c'est cette même route que suivit le général Mollendorf lorsqu'en 1778 il conduisit en Bohême une partie de l'armée. Dans la vallée des Chèvres, qui vient ensuite, est un rocher sur lequel on a gravé la figure d'un lynx et au dessous la date de 1743; cette année-là fut en effet tué le dernier des lynx qui autrefois désolaient la Suisse saxonne. En traversant la vallée de Kirnitsch, nous trouvâmes l'*Altarstein* (Rocher de l'Autel), où pendant les années 1639 et 1640 les paysans vinrent, dit-on, chercher un abri contre les fureurs de la guerre et prier Dieu pour leur pays. Toutes ces montagnes, tous ces rochers, il fallut les gravir. Quand le soir vint, nous n'en pouvions plus; aussi prîmes-nous pour retourner à Schandau le chemin le plus court. Une société nombreuse nous attendait à l'auberge, et nous eûmes le plaisir d'avoir à souper plusieurs dames fort aimables. Il fut question de faire tous ensemble le lendemain matin une promenade sur l'eau, et de se lever pour cela de très bonne heure. On ne resta donc pas long-temps à table; et, harassés que nous étions, Eugène et moi, nous bénîmes le moment où il nous fut permis d'entrer chacun dans notre lit.

Troisième Promenade.

Tetschen. — Tœplitz. — Le Bielgrund. — Langhennersdorf.

Le jour commençait à peine à poindre que tout le monde était déjà descendu dans la salle commune, même les dames. Un yacht assez spacieux était préparé depuis la veille. Malheureusement un brouillard épais et humide s'était formé pendant la nuit, et l'on ne voyait pas à dix pas. Mais la partie était arrangée, les dames avaient fait le sacrifice de trois ou quatre heures de sommeil ; il fut donc convenu que l'on partirait quand même.

De bonne heure nous quittâmes Hirniskretschen, et nous dirigeâmes notre marche par la rive droite de l'Elbe vers Tetschen. Ici nous n'avions pas besoin de guide, on ne pouvait se tromper de chemin, et peu de choses se présentaient qui pussent nous détourner. Laissant de côté Durrgrunde, nous montâmes en ligne droite vers Ebleinthen, et de là encore plus haut jusqu'à ce que nous eussions, après beaucoup de difficultés, franchi le rocher de Hundskirche (l'Église du Chien), et atteint le sommet du Belvédère, autre rocher qui s'élève derrière l'Elbe.

Je ne sais trop que dire de ce Belvédère. De là la vue s'étend sur toute la vallée de l'Elbe ; le coup d'œil est pittoresque, le propriétaire a beaucoup fait pour l'embellir, et cependant dans tout mon voyage je n'ai pas rencontré de site qui ait fait si peu d'impression sur moi. Les petites fortifications taillées en zig-zag dans le roc, avec des créneaux, le nombre des marches de l'escalier, le Belvédère lui-même, dont le portail en style moderne s'harmonise assez bien avec les masses de rochers qui l'entourent, tout cet ensemble a gâté l'impression que la contrée n'aurait pas manqué de produire sur moi ; un simple bloc ou un amas confus de rochers aurait plus parlé à mon ame que ce mélange de nature et d'art. Nous ne restâmes pas longtemps en cet endroit, nous revînmes par le même chemin et passâmes sur la rive gauche du fleuve, où bientôt nous atteignîmes Niedergrund, puis Obergrund. Jusqu'alors le Quaderberg avait borné notre vue ; mais là tout-à-coup la campagne s'ouvrit devant nous, et le château de Tetschen se montra dans toute sa beauté. A chaque pas le coup d'œil devenait plus ravissant, et bientôt nous aperçûmes la ville elle-même avec l'Habelberg sur l'arrière-plan ; plus loin s'élevait le Josephsbad (les Bains de Joseph), d'où l'on jouit d'une vue magnifique sur la ville et le château, sur les montagnes d'alentour et sur la belle église de Rosawitz avec ses deux tours. Les promenades autour des bains sont belles et témoignent du goût du propriétaire.

Après nous être reposés un instant dans l'auberge, nous montâmes dans une nacelle qui nous conduisit près du château, dont l'architecture vraiment royale me frappa d'étonnement. Le colossal édifice avec sa svelte tour se présente imposant sur un rocher énorme qui s'élève de trois cents pieds au-dessus des bords du fleuve; le côté nord seul a des fenêtres de façade. La ville même, quoique petite, car elle ne contient que trois cents maisons et seize cents ames, a été rebâtie régulièrement et avec goût, et pavée de basalte, après l'incendie de 1749. L'église, située dans le quartier de l'est, est fort belle; elle doit sa fondation au comte Max Thun, qui a également fait construire le château. La ville elle-même est animée par le commerce et l'industrie, et l'on remarque particulièrement la filature de coton, située à un quart de lieue dans la vallée de Pulsnitz. Le commerce des fruits, du blé, du bois et de la pierre nourrit les habitans de Tetschen, et depuis plusieurs années la ville passe pour le principal entrepôt de la navigation de la Bohême.

Le château de Schlossberg s'élève presque isolé au fond de la vallée. Du côté du midi et de l'ouest il est d'un abord fort escarpé, mais du côté du nord-est la pente s'abaisse si doucement que de la porte orientale de la ville on gagne commodément le château sur une chaussée longue de quatre cent soixante-huit brasses, et large de seize. Un puits de deux cents pieds de profondeur fournit de l'eau en abondance. Le château fut rebâti en 1674 par le comte Max Thun, et achevé en 1788 par le comte Wunzel Thun ; mais c'est le possesseur actuel, le comte François-Antoine Thun, qui le premier lui a donné toute sa magnificence. L'intérieur du château, sa riche bibliothèque, sa petite chapelle et les merveilles des arts qui l'embellissent excitaient à tout instant notre admiration. Nous parcourûmes ensuite le jardin, et là de nouvelles beautés frappèrent nos regards.

Le château est certainement un des plus beaux ornemens du paysage de l'Elbe ; de tous côtés la vue en est majestueuse et pittoresque. En 1300 il échut aux seigneurs de Vartenberg, mais en 1511 cette famille le vendit ; six ans après il passa de nouveau en d'autres mains, jusqu'à ce qu'enfin il devint la propriété des comtes de Salhausen. Bientôt après il tomba en la possession de la famille des Bunau, jusqu'à ce que Rodolphe de Bunau fût obligé de l'abandonner avec toutes ses autres propriétés, parce qu'il ne voulait pas se convertir à la religion catholique. Le baron Simon Thun acheta tous les biens pour deux cent vingt-six mille florins, et sous le comte Max Thun, Schlossberg devint un majorat. Les habitans de Prague le prirent et le détruisirent dans la guerre des Hussites en 1444 ; mais peu de temps après il fut rebâti. Les Saxons l'occupèrent plusieurs années dans la guerre de trente ans ; mais en 1665 ils le rendirent au colonel suédois Stahlhans, qui le conserva deux ans et fut obligé alors de le laisser aux impériaux ; mais la ville et le château retombèrent encore une fois en sa possession. Il fut encore une fois repris et perdu par les impériaux. Les Français l'occupèrent en 1741, mais ils furent forcés de le livrer à la milice autrichienne qui y fut faite prisonnière par les Prussiens en 1744. Dans toutes les guerres suivantes il changea encore souvent de possesseurs. C'est là tout ce que nous avons pu apprendre de la destinée antérieure du château.

Il était tard quand nous rentrâmes dans Josephsbad, après avoir examiné tout ce qu'il y a de remarquable dans la ville et les environs. La ville et le château de Tetschen resteront long-temps dans mon souvenir, car ils ont laissé en moi une douce impression.

Schreckenstein.

Je pris une voiture et me dirigeai seul vers les bords de l'Elbe. J'y fus bientôt arrivé, et à deux heures après midi je me trouvais déjà embarqué dans une jolie gondole; elle était conduite par deux jeunes Bohémiens qui entendaient fort bien l'allemand et le parlaient passablement. Nous suivîmes le cours du fleuve pour aller visiter les ruines du château de Schreckenstein.

Notre gondole dérivait rapide et légère sur le cristal des eaux; tour à tour passaient sous nos yeux, comme dans le diorama de Gropius, des villages, des roches tantôt nues, tantôt couvertes, des champs cultivés, de riches vignobles, des vallées verdoyantes; tout cela se succédait à nos regards comme par enchantement; à chaque sinuosité du rivage la décoration changeait et de nouvelles scènes se développaient. Voilà devant nous le village de Welhetta; là bas, à l'entrée de la vallée du Schwartzthal, c'est le village de Kleinzernossek. Depuis une heure déjà nous admirions tous ces rians tableaux, quand tout-à-coup s'offre à notre vue à peu de distance du rivage un roc énorme, dont la masse noirâtre porte sur son sommet les ruines imposantes d'un ancien château. Vis-à-vis et le long de la rive opposée, s'étale gracieusement une jolie petite ville. « Schauens, Ihre Knaden! » me dit en allemand bohémien un de nos rameurs. « Das ist der alte Schreckenstein! (Voyez, Monseigneur, c'est le vieux Schreckenstein, ou pierre effrayante), et cette charmante bourgade, c'est Aussig. »

Un jour pur éclairait alors le délicieux paysage qui nous environnait. Les deux jeunes bateliers avaient, comme par un sentiment instinctif, laissé reposer leurs rames, et la gondole continuait à glisser doucement abandonnée au caprice des flots. A mesure que nous avancions, l'énorme roc se rapprochant de nous semblait devenir colossal; les ruines du château revêtaient un aspect de plus en plus imposant et une couleur d'antiquité plus prononcée.

Nous débarquâmes, et en peu d'instans je me trouvai au pied de la montagne. Là je rencontrai deux messieurs et quatre dames venus comme moi pour gravir le Schreckenstein; aimable et joyeuse caravane qui tout d'abord m'invita de la manière la plus gracieuse à faire route avec elle. Bonne aubaine pour moi, vraiment, car outre que ces dames étaient fort jolies, mon heureuse étoile avait encore voulu que mes compagnons de voyage fussent de la contrée même. Notre ascension, que seul j'eusse sans doute trouvée pénible, devint au contraire pour moi, grâce à ma nouvelle société, une promenade ravissante. Arrivés sur le sommet, je vis étaler sur une table placée au pied d'une vieille tour tout ce qui constitue un déjeûner dans les règles : volailles froides, gibier, pâtisseries, vins d'Allemagne et vins de France. Je fus galamment prié de vouloir bien prendre ma part de toutes ces bonnes choses, et j'acceptai sans façon, heureux de m'attabler avec d'aussi charmans convives. Jamais déjeûner ne fut plus gai ; on riait, on racontait mille histoires plaisantes, et je ne me serais pas trouvé plus à l'aise avec des amis de vingt ans.

Tout-à-coup une musique suave, mais d'une nature tout-à-fait étrangère pour moi, se fit entendre. Elle partait du pied de la montagne, et les sons montaient clairs et distincts jusqu'à nous. Toute la société se tut et prêta une oreille attentive. C'était une mélodie douce et mélancolique, et que je trouvai pleine de charme, mais je ne pouvais deviner quels instrumens la produisaient. Je n'avais jamais entendu rien de semblable, et mes aimables convives paraissaient s'amuser de mon étonnement. Enfin, quand la musique eut cessé, une de ces dames m'apprit que l'orchestre se composait tout bonnement de deux chalumeaux et de deux cornets. « Il n'y a pas d'instrument plus simple que le chalumeau, me dit-elle, mais on peut en tirer des sons délicieux ; nous avons dans ces montagnes une foule de paysans et de paysannes qui en jouent à la perfection. Au reste, levez-vous et venez voir un curieux spectacle. » En effet, une gondole glissait sur l'Elbe, toute ornée de rubans et de fleurs ; elle était pleine de villageois, hommes et femmes, en habits de fête. Leurs costumes présentaient une grande variété de couleurs, mais le rouge y dominait. L'on me dit que c'était une noce. Les deux nouveaux mariés étaient assis sous un dais de feuillage, et leur nombreuse escorte chantait en dansant autour d'eux. Après chaque couplet nous entendions des cris de joie, de bruyans toasts, et nous voyions les verres se remplir, se heurter, se vider, puis se remplir encore. Ces bons villageois venaient de Wannowa et se rendaient à la petite ville de Graupen que nous apercevions dans le lointain. Au moment où la gondole passa devant nous, nous les saluâmes en agitant nos mouchoirs. Un long hourra répondit à notre salut; tous les chapeaux, d'où pendaient une foule de riches rubans, furent agités en l'air, puis tout l'équipage se mit à boire à notre santé. Nous les remerciâmes de cette politesse ; chacun de nous chercha par ses gestes à faire comprendre à l'heureux couple les vœux que nous formions pour son bonheur, et bientôt la gondole disparut à nos yeux.

Les ruines du château de Schreckenstein présentent un aspect imposant; des murailles entières, des tours, des voûtes immenses sont encore debout. Les parties qui occupaient le bas de la montagne ont été transformées dans ces derniers temps en bâtimens d'économie, car derrière le château sont de vastes champs et des prairies. Il y a déjà quatre siècles qu'il a été détruit, et cependant ce qu'il en reste est assez solide pour pouvoir résister au moins quatre siècles encore.

S'il faut en croire la tradition, le château de Schreckenstein aurait été bâti en 827 par deux chevaliers bohémiens, Russiswad et Lehoborz, pour servir de citadelle à la ville d'Aussig qu'ils avaient fondée, et les mettre à même d'exercer impunément le vol et le brigandage. Mais une autre tradition qui existe en Saxe veut qu'on lui donne pour fondateur, ainsi qu'à celui de Blankenstein, les souverains du pays de Meissen, qui vinrent en 725 s'emparer de cette partie de la Bohême et s'y établir.

Mais si l'origine de ce château est couverte d'un voile impénétrable, nous savons parfaitement quand et comment il fut détruit.

En 1425, lors de la guerre des Hussites, l'empereur Sigismond voulant se faire un appui du prince électoral de Saxe, Frédéric-le-Conquérant, dont il était le débiteur, lui donna en nantissement les villes d'Aussig, de Brix, de Bilin, de Tœplitz et de Leipa, et lui permit d'y tenir garnison. A l'approche des Hussites, les troupes saxonnes qu'on y avait placées se réfugièrent dans le château de Schreckenstein, et Dietrich, Beck et Gaspard de Rechenberg, leurs chefs, envoyèrent une députation à Meissen pour demander du renfort, ajoutant que le pays serait perdu si l'on ne se hâtait pas.

À cette nouvelle l'effroi fut général. Catherine de Welfisch, femme du prince électoral Frédéric Ier, tint seule tête à l'orage. Frédéric se trouvait alors à la diète de Nuremberg, et il eût fallu trop de temps pour envoyer prendre ses ordres. Catherine s'en passa, et ne prenant conseil que d'elle-même, elle ordonna à tous ses vassaux de se rendre avec leur suite à Lobwitz, près de Freiberg. Tous accoururent, armés de pied en cap et accompagnés de tous leurs serviteurs.

Busso, Witzthum, les comtes de Weyda et de Schwarburg furent nommés chefs de cette troupe, ou plutôt de cette armée. D'après quelques auteurs, les forces réunies par Catherine s'élevaient à 100,000 hommes. L'Allemagne tout entière les suivait de ses vœux, car les Hussites vainqueurs, c'en était fait de la Saxe et de la Franconie.

Dux, Tœplitz et plusieurs autres villes occupées par les Saxons étaient déjà tombées au pouvoir de l'ennemi, qui avait aussi mis le siège devant Aussig. Enfin l'armée saxonne, après une marche longue et pénible, arriva en Bohême et établit son camp près du village de Przeolytz, à peu de distance de celui des Hussites. Le 16 juin 1426, elle fut battue complétement, et presque toute la noblesse saxonne resta sur le champ de bataille. La nuit même les Hussites prirent Aussig d'assaut, massacrèrent tous les habitans sans distinction de sexe ni d'âge, et réduisirent la ville en cendres. Le lendemain le château de Schreckenstein eut le même sort. Aussig se releva trois ans après, plus régulier et plus beau ; mais Schreckenstein a été depuis ce temps entièrement abandonné.

Des nombreuses gravures qui existent de ce château, nous ne connaissons que celle de MM. Balzer et Vizani, dont nous pouvons garantir la fidélité.

Habichstein.

Dans ce même cercle de Leatmeritz, où nous nous trouvons maintenant, et qui renferme sans contredit les plus beaux sites de la Bohême, on rencontre à quelques lieues de Schreckenstein le château de Habichstein (Rocher de l'Autour) dont la position est vraiment admirable.

Lorsqu'en suivant la route de Leipa vous vous approchez de Neuschloss, propriété du prince de Kaunitz, vous voyez s'ouvrir devant vous une immense vallée entourée d'un long ruban de montagnes qui toutes ont un aspect différent : les unes sont couvertes de forêts, les autres sont entièrement nues ; il y en a qui s'élancent dans les airs comme la flèche d'une cathédrale, et puis vous en trouvez de carrées, de rondes, de toutes les formes enfin. Au milieu de la vallée est un lac très large, de près d'un mille de long, et qui se termine par des écluses entre des roches escarpées. Partout l'homme a su profiter de la fertilité de la terre ; de tous côtés, sur les bords du lac, sont de gros villages, des fermes, des habitations isolées. A droite s'élève le magnifique château de Neuschloss; à gauche, et un peu au fond, celui de Habichstein.

Au premier coup d'œil, et vu d'une distance de deux lieues, le Habichstein ressemble tout-à-fait à un vaisseau sans mâts et sans voiles. « N'est ce pas l'arche de Noé, m'écriai-je, qui après le déluge se sera trouvée perchée là haut? » Mais à mesure qu'on avance, et lorsqu'on voit de plus près ce roc colossal, avec ses saillies, ses fentes et ses crevasses, cette ressemblance disparaît. On s'arrête saisi d'étonnement devant cette énorme masse, et vous craignez à tout moment que les vieilles murailles dont elle est couronnée n'écrasent en tombant le village qu'elles dominent. Le sommet du rocher se compose d'un seul morceau de grès qui a la forme d'un prisme; le reste a une forme allongée et se trouve couvert d'herbe. Le morceau prismatique, reposant sur un des angles du rocher, est tronqué à la partie qui regarde le nord-ouest, ce qui contribue principalement à le faire prendre de loin pour un vaisseau. Sa longueur inférieure est de deux cent vingt-sept pieds, mais en haut il est beaucoup plus long et plus large, car de tous côtés il déborde le rocher de dix, de vingt-huit et de trente pieds. C'est un formidable cône renversé.

On s'imagine bien, d'après cela, qu'il est tout-à-fait impossible de parvenir jusqu'au sommet du Habichstein. Le seul chemin qui conduise aujourd'hui au château passe par une partie de l'ancien puits, que l'on monte au moyen d'une échelle; tout le reste du puits, qui autrefois allait jusqu'à la base de la montagne, a été comblé pour prévenir les accidens. Là, à la place où étaient les ponts-levis, se trouve un escalier de vingt-quatre marches; et plus haut, un escalier tournant de trente-deux marches, taillé dans le roc. Alors on entre dans la première cour du château : c'est maintenant un terrain cultivé, et l'on y voit même des jardins appartenant à deux habitans du village. Un peu plus loin, vers le nord-ouest, le rocher s'élève encore de douze pieds et borde un espace de vingt-quatre pieds de largeur qui servait autrefois de rempart. Plus haut, vers le sud, est une autre cour dont les murailles sont moins hautes que celles de la première. On y a creusé plusieurs bassins; le plus grand était, dit-on, une écurie; quant à moi, je conçois difficilement une écurie à cette hauteur.

La prison, creusée dans le roc, a la forme d'une cruche : son ouverture est à peine de deux pieds et demi; son évasement a douze pieds de diamètre et quoiqu'elle ait été comblée en grande partie, sa hauteur est encore de vingt-six pieds. Dans une autre voûte souterraine, on a trouvé il y a trente ans un squelette d'homme incrusté dans le mur. Des fouilles y ont été faites à plusieurs reprises, parce qu'il avait été question de trésors cachés; mais elles n'ont abouti à rien.

Mon guide était précisément le propriétaire d'un des jardins plantés dans l'ancienne cour du château. Il me montra une voûte qui s'était écroulée quelques années auparavant, et voici ce qu'il me raconta à ce sujet, avec le sérieux le plus comique.

« Vous voyez cette place, monsieur, me dit-il. Eh bien! écoutez ce qui a failli nous y arriver à mon voisin et à moi. C'est bien triste, allez. » Et mon homme poussa un énorme soupir qui redoubla ma curiosité.

« Figurez-vous, reprit-il, qu'il y a sept à huit ans un garçon cordonnier de notre village, voyageant dans le Wurtemberg, fit rencontre d'un vieillard qui lui dit : Sur les montagnes de la Bohême il y a encore immensément d'argent enterré. Tiens : dans un vieux château entre autres, que sans l'avoir jamais vu je connais comme si je l'avais bâti moi-même, se trouve du côté de l'ouest une cour avec une voûte dans laquelle gisent des tas de vieilles pièces de monnaie. — Et le voilà qui décrit ce château pièce par pièce. — Eh! mon Dieu! se dit en lui-même mon cordonnier, mais le château dont ce brave homme me parle là, c'est le château de Habichstein. — Et en effet, monsieur, il n'y avait pas à s'y tromper. Vous pensez bien qu'il n'eut garde de laisser soupçonner au vieux qu'il demeurait lui-même tout près du trésor en question. Mais à son retour il vint me raconter la chose, car j'étais son meilleur ami, et il fut convenu que nous partagerions l'argent. Nous arrivons donc ici, nous fouillons, nous fouillons, et en effet nous trouvons la voûte. Malheureusement la nuit nous surprend ; nous reprenons donc le chemin du village, bien décidés à revenir à la pointe du jour. Hélas! mon cher monsieur, le lendemain plus rien que des décombres : tout s'était écroulé.

» Et ma foi! dis-je, vous l'avez échappé belle.

» C'est vrai, reprit mon conteur; mais peut-être aussi aurions-nous pu nous en retirer, et encore les mains et les poches pleines. Oh! nous eussions été plus heureux que deux pauvres diables du village que vous voyez là bas.

» — Et que leur est-il donc arrivé?

» — C'est une terrible histoire. Il y a trois ans ils faisaient aussi des fouilles pour découvrir un trésor. Voilà que tout-à-coup ils trouvent un squelette d'homme. — Compère, dit l'un des deux à son camarade, j'aurais bien voulu le voir celui-là, lorsqu'il portait encore sa tête sur ses épau-

les. — Après avoir bien travaillé, bien pioché, mes gens rentrent chez eux et se couchent sans penser à rien. Mais au milieu de la nuit, ils entendent l'un et l'autre frapper à leur fenêtre. Ils se lèvent, vont ouvrir; et que voient-ils? Sainte Vierge! Un horrible géant, dont les yeux lançaient des flammes, et qui leur dit d'une voix sépulcrale : — Vous avez voulu me voir avec ma tête sur mes épaules; me voici, regardez-moi bien. » Leur frayeur fut telle que l'un d'eux mourut au bout de trois jours; l'autre tomba malade, et quelques mois après on le porta en terre.

Après ce récit, qui me montra quelle était la superstition des villageois de la Bohême, nous montâmes par des marches étroites et raides, taillées dans le roc, sur le faîte du château. C'est un espace de trente-six pieds de long sur vingt-quatre de large, que clôt une épaisse muraille. On y voit encore des traces d'ancienne habitation.

On conviendra que c'était une idée à la fois originale et hardie que celle de bâtir sur un rocher pareil, où l'on devait rencontrer à chaque pas tant de difficultés, tant d'obstacles. Mais aussi le château d'Habichtstein devait-il être imprenable.

La construction de ce château, sa situation, sa disposition, tout nous prouve qu'il était destiné à servir d'asile à des chevaliers voleurs. La route de Silésie et de la Lusace, qui passe peu loin de là, dût être souvent le théâtre de leurs tristes exploits. On ne sait et on ne saura sans doute jamais ni l'époque à laquelle Habichtstein fut bâti, ni le nom de son fondateur, ni quand et par qui il a été détruit; car le nom qu'il porte aujourd'hui n'est pas son nom primitif : ce sont les paysans qui l'ont baptisé ainsi, à cause du grand nombre d'oiseaux de proie qui viennent s'y nicher. Il est probable que c'était un de ces nombreux châteaux qui furent construits sous le règne impuissant de Wenzel III et de Henri de Carinthie, et pendant l'absence du roi Jean, et que l'on détruisit en grande partie sous Charles IV. En le jetant bas, on s'y est pris de manière à ce qu'il devînt impossible d'en bâtir un autre à la place.

Le rocher, les murs du château sont habités par une foule incalculable d'oiseaux de toute espèce. A votre approche il s'en élève des nuées, qui ne cessent de voltiger au dessous de vous en vous étourdissant de leurs cris.

J'ai dit que le rocher d'Habichtstein était un voisin formidable pour le village, qu'il menace à tout moment d'écraser de son poids. Une fois il éclata un incendie; la chaleur du feu, repoussée par le rocher, vint retomber sur les maisons, et le mal fut bien plus grand encore. Malgré cela, les habitans ont rebâti à la même place, tant est grande la force de l'habitude, tant l'homme tient au coin de terre qui l'a vu naître ou qu'il a défriché de ses mains.

Bieler-Grund.

C'est par la vallée de Bieler-Grund que nous devions continuer notre promenade. Le fameux Schneeberg en garde l'entrée, montagne à la taille colossale, que l'on aperçoit de tous les points de la Suisse saxonne; le Kœnigstein et la cascade de Langhennersdorf se trouvent encore dans cette vallée, au bout de laquelle s'élève la ville de Pirna, célèbre dans l'histoire. Avant d'arriver au Bieler-Grund, ce ne sont des deux côtés que des rochers arides, et l'œil attristé cherche en vain ce qui peut seul donner quelque charme aux contrées montagneuses, une rivière, ou au moins un ruisseau. Passé le village de Badenbach, qui appartient au comte de Thun, nous quittâmes la grande route, où le soleil nous rôtissait, pour nous enfoncer dans l'épaisseur d'une forêt voisine. Après avoir suivi pendant quelque temps un délicieux sentier, nous arrivâmes près du Schneeberg, sur le penchant duquel se dessine gracieusement le village du même nom. Un chemin marécageux nous mena sur le vaste plateau de la montagne; il est tout entouré de rochers saillans, que la nature semble avoir jetés là comme pour servir de diadème à ce colosse. Tout le long du Schneeberg sont des cavernes qui, selon les gens du pays, renferment des trésors immenses. Mais ces trésors, comment les avoir? La tradition dit que celui qui les découvrira sera frappé de cécité par le diable, et qu'il ne pourra plus retrouver l'endroit par où il sera entré. Le Schneeberg est une montagne entièrement nue; seulement on y a construit trois huttes qui indiquent aux voyageurs les points d'où l'on jouit des plus belles perspectives. Devant ces huttes sont des bancs, et vraiment il y a du plaisir à s'asseoir là; votre vue s'étend jusque vers la Bohême, et embrasse toute la vallée; puis vous apercevez le Badenbach qui coule à quinze cents pieds au dessous de vous. C'est de là, disent les Saxons, qu'il faut assister au lever du soleil. J'aurais voulu pouvoir coucher sur mon album quelque morceau de ce magnifique paysage; mais cela m'était défendu; oui, défendu : figurez-vous que pour monter sur le Schneeberg il faut un permis de la douane; qu'avec ce permis on vous donne un guide, ou plutôt un gardien, qui vous empêche (telle est sa consigne) de lever aucun plan, de prendre aucune vue, et, chose bien plus étrange encore, de fumer.

Lorsque nous fûmes redescendus, nous prîmes des chevaux pour nous conduire jusqu'à Rosenthal. Ce village, composé d'une rangée de cent maisons qui occupe en longueur un espace de près d'une lieue, est la patrie d'Homilius, célèbre compositeur de musique religieuse. On trouve aux environs une foule de pétrifications curieuses déposées dans les couches de la terre ; mais, comme notre intention n'était pas de les récolter, nous continuâmes notre chemin. Bientôt le paysage changea, et prit un aspect des plus pittoresques. Au fond d'une étroite gorge un moulin se présenta devant nous ; ce moulin était en même temps une auberge, et nous y entrâmes pour prendre quelques rafraîchissemens. Là on nous donna un nouveau guide pour notre course à travers le Bieler-Grund, que déjà nous pouvions apercevoir. Nulle part nous n'avions vu des roches de grès de formes aussi bizarres que dans cette vallée ; elles sont toutes crevassées, et la plupart s'élancent en colonnes droites et minces, à une très grande hauteur. On dirait les ruines d'une vaste église dont les piliers seraient restés debout. Il faut croire que les eaux ont beaucoup travaillé ce terrain, qui a dû être rejeté par les forces centrales et expansives de la terre. Souvent plusieurs de ces roches ne font à leur base qu'un seul et même corps, qui se ramifie en s'élevant ; d'autres fois elles sont accumulées les unes sur les autres, et forment une pyramide colossale devant laquelle on ne passe point sans effroi : il semble qu'elle va tomber sur vous. De ces colonnes, de ces pyramides s'échappent des arbres, des touffes d'arbrisseaux, ce qui produit l'effet le plus singulier. Ajoutons que toute la vallée est couverte d'une végétation riche et variée. Il y a encore là un rocher célèbre dans le pays : c'est le Kanzelstein, qui a tout-à-fait la forme d'une chaire à prêcher. A l'époque où les mineurs exploitaient le

Bieler-Grund, un prêtre montait tous les matins sur ce rocher avant l'heure du travail, et de là répandait la parole de vie sur ses nombreux auditeurs. Enfin nous arrivâmes à un embranchement latéral de la vallée, appelée le *Diebsgruendel* (vallon des Voleurs), et bientôt après au village de Markersbach, où se livrèrent en 1813 plusieurs petits combats.

Plus loin est le village de Hellendorf, où le voyageur est sûr de trouver bonne table et bon gîte, puis la montagne des *Quatorze Braves*, qui rappelle un glorieux souvenir : on dit qu'en 1429, quatorze bourgeois de Gottleube se rendirent armés sur cette montagne pour défendre l'approche de leur ville aux Hussites, qui voulaient s'en emparer. Tous les quatorze moururent, mais comme les trois cents de Léonidas. On va visiter aussi dans la vallée de Bieler-Grund le *Trou des Suédois* : c'est une galerie souterraine qui s'enfonce à plus de soixante pieds dans le rocher ; elle prêta son abri aux habitants de la contrée lors de l'invasion des troupes suédoises ; mais quel abri ! et qu'ils durent souffrir, les malheureux, sous ces voûtes sombres et humides ! — Maintenant, qui que vous soyez, saluez avec respect : ce rocher que vous voyez là devant vous porte un nom que l'on retrouve partout, un nom qu'amis et ennemis ne peuvent encore prononcer sans émotion ; ce rocher c'est le *Napoleonstein*. En 1813 le grand homme vint quelquefois s'y asseoir ; les paysans de la vallée s'en souviennent tous, et quand ils vous le racontent on dirait, n'était la différence de langue, que ce sont d'anciens soldats français qui parlent.

On s'arrête volontiers dans le village de Berggiesshübel, pour y boire du Johann-Georgen-Bad, eau minérale qui jouit d'une certaine réputation ; on en compte quatre sources, qui étaient déjà connues au commencement du siècle dernier. Mais ce n'est pas là la seule chose qu'on y trouve : les environs de Berggiesshübel valent encore mieux que ses eaux. Le *Hohe-Stein*, d'où l'on découvre toute la vallée de l'Elbe, le Dürrenberg, les ruines de Wartthurm sont des endroits charmans. Il faut voir aussi le jardin et la ferme-modèle de Gersdorf. Mais ce qu'il y a, selon moi, de plus curieux, c'est la chute d'eau de Langhennersdorf, au bout de la vallée de Zwiesel. La rivière, après avoir pénétré entre des rochers de grès à travers une fente ombragée par des groupes d'arbres et couverte de pyroles, se jette dans un précipice qu'avec le temps elle est parvenue à creuser, et de là s'échappe vers la vallée en se heurtant avec bruit contre des blocs de pierre isolés qu'elle rencontre çà et là sur son chemin. Lorsque les rayons du soleil viennent frapper sur elle dans le point où la chute a lieu, il se forme de chaque côté un brillant arc-en-ciel, dont les couleurs, reflétées par les nombreuses gouttelettes qui vont tomber sur les feuilles des arbrisseaux d'alentour, les transforment toutes en autant de diamans, d'émeraudes et de rubis.

Toutes les montagnes contiennent des mines d'argent, de cuivre et de fer que l'on exploite déjà depuis 1590.

Quatrième Promenade.

Lilienstein. — Kœnigstein. — Pirna. — Weesenstein. — Tharand. — Frauenstein. — Augustusburg. — Grandstein. — Kohran — Kriebstein. — Nossen — Dresde.

C'est toujours à Schandau que nous revenons après chacune de nos courses. Aujourd'hui nous allons lui dire un dernier adieu ; une gondole nous attend sur l'Elbe ; embarquons-nous et retournons à Dresde. Saluons encore en passant ces montagnes que nous avons parcourues ensemble et qui bientôt auront fui loin de nous ; mais déjà d'autres se présentent, bien dignes aussi de fixer notre attention.

Lilienstein Pierre de lis.

La première est le Lilienstein, une des masses les plus imposantes de la Suisse saxonne. Anciennement il y avait sur le haut de cette montagne un château appelé Dohna; aujourd'hui on y voit une pyramide élevée à la mémoire d'Auguste III, et qu'ont alternativement surmontée la couronne électorale et la couronne de Pologne. Ne grimpe pas qui veut sur le Lilienstein, et j'en ai vu plus d'un renoncer à la partie à peine à moitié chemin. Aussi a-t-on soin de prendre un guide à Ebenheit. Au commencement cela va bien, des marches découpées dans le roc vous conduisent jusqu'à une certaine hauteur ; mais tout-à-coup la montagne se dresse devant vous tout verticalement, et il faut monter par de petits escaliers en bois, d'une largeur très peu rassurante, et qui quelquefois se trouvent suspendus au dessus d'horribles précipices. Enfin cependant vous arrivez au haut. La première chose que vous appercevez, ce sont les restes d'un pavillon de chasse bâti en 1771. A quelques pas de là est une colonne érigée à Frédéric Auguste, qui le premier monta sur le Lilienstein : c'était en 1708, et alors il n'y avait encore aucun chemin de tracé, ce qui rendait l'entreprise plus périlleuse encore qu'aujourd'hui. Sur la colonne on lit cette inscription : *Fredericus Augustus, rex et elector Sax., ut fortunam virtute, itā asperam hanc rupem primus superavit aditumque faciliorem reddi curavit. An. 1708.* Ces mots *ut fortunam virtute* font allusion aux conditions du traité de paix d'Alt-Raustaedt, par lequel Charles XII priva Frédéric Auguste de sa couronne et ne lui laissa que le vain titre de roi.

C'est dans les plaines qui entourent le Lilienstein qu'en

1756 l'armée saxonne, forte de dix-sept mille hommes, mit bas les armes devant les soldats du grand Frédéric. Placé sur le sommet du Kœnigstein, le roi Auguste fut témoin de cette humiliation ; il fallut même au malheureux monarque un passeport pour descendre de la montagne. Mais plus tard ce fut le tour des Prussiens : dans ces mêmes lieux le général Fink et son armée furent forcés de se rendre aux Autrichiens ; il est vrai que ce fut plutôt la faute de Frédéric luimême que de Fink. Aussi lorsque ce dernier revint en Prusse après sa captivité, Frédéric l'ayant fait asseoir à sa table, lui dit : « Ce n'est pas le général que j'invite, c'est le ministre Finkenstein. »

On ne sait rien de certain sur ce château de Dohna qui existait autrefois au haut du Lilienstein, et qu'on y voyait encore vers la fin du XIV° siècle ; il est probable qu'il appartenait au même maître que le château de Kœnigstein. La superstition populaire peuple les cavernes du Lilienstein d'une bande de démons qui y veillent à la garde d'immenses trésors. En 1813, Napoléon fit élever des fortifications au pied de la montagne ; on abattit à cet effet tous les arbres qui se trouvaient aux alentours ; une chaussée fut en outre construite tout exprès pour communiquer de ce point avec Hohnstein et Stolpen ; elle est encore aujourd'hui en fort bon état.

Ville et forteresse de Kœnigstein.

Nous passons maintenant l'Elbe, et nous arrivons à la petite ville de Kœnigstein, située au pied de la montagne du même nom ; c'est sur cette montagne que se trouve la forteresse, une des merveilles de la Suisse saxonne. Pour la visiter il faut se faire annoncer au commandant; « Kann passiren, » telle est la réponse invariable qu'il vous envoie par la bouche du guichetier. Aussitôt le pont-levis s'abaisse, et après avoir passé sous une longue voûte, vous voilà dans le fort. Il a une demi-lieue de circonférence, et renferme un joli bosquet de hêtres, des champs, des prairies, des vignes et des jardins. On y voit un puits de douze cents pieds de profondeur, et qui ne peut jamais tarir. Les casemates sont à l'épreuve de la bombe, et contiennent toujours des munitions pour trois ans. Un vieil invalide se charge de vous conduire dans les redoutes autour de la montagne; il vous montre tout, vous explique tout; puis il se met à vous parler du grand Frédéric, qu'il a vu au camp de Pirna. Jusque là tout est bien, les récits d'un vieux soldat intéressent toujours; mais quand vous avez assez vu ce qu'il y a à voir, votre guide vous tend la main et vous demande son pourboire : or, ce pour-boire, il l'a fixé pour tout venant à un écu de Saxe. Vous lâchez votre écu, croyant en être quitte à ce prix. Erreur. A peine arrivé dans l'intérieur du fort, il vous faudra délier à chaque pas les cordons de votre bourse. Pas une pierre, pas un morceau de muraille devant lequel on ne vous arrête, qu'on ne fasse passer pour une curiosité, le tout afin de vous soutirer quelques pièces de monnaie. C'est pis que dans un bois; et ce sont de vieux soldats qui vous trompent et vous rançonnent ainsi!... 8 groschen pour voir l'arsenal; et vous avez beau dire et répéter que vous avez vu celui de Berlin, on vous y mène malgré toute votre résistance. — Un invalide vient vous offrir un verre d'eau, de l'eau qu'il vient, dit-il, de tirer à l'instant même du fameux puits; que vous le buviez ou que vous ne le buviez pas, c'est 16 groschen..... 16 groschen pour un verre d'eau bon Dieu!.... Oui, mais le puits est une merveille. Et la grande tonne! c'est 4 groschen qu'il vous en coûtera pour vous l'être laissé montrer; et l'on peut voir pour rien la fameuse tonne de Heidelberg! vous avez, je le suppose, déjà vu des casemates, et vous trouvez sans doute comme moi que toutes les casemates se ressemblent; n'importe, vous entrez par complaisance dans celles du fort, pensant que là du moins vous n'aurez rien à donner, que votre guide ne se fera payer de ses peines que lorsqu'il aura fini de vous mener partout. Vous vous trompez encore : car voilà un tronc fixé au mur, et à côté de ce tronc un homme qui vous invite à y déposer 4 groschen. Est-ce tout? non; le guide vous montre un groupe d'ouvriers qui se sont arrêtés sur votre passage le bonnet à la main, et il vous dit : « Donnez quelques groschen à ces braves gens, ils l'ont bien mérité. » Allons, la volonté de Dieu soit faite! Enfin vous avez tout vu; et sur le point de sortir de la forteresse vous poussez un long soupir de contentement. Mais vous oubliez qu'il y a un soldat qui a été chercher les clés chez le commandant; que la sentinelle qui à votre entrée vous a ouvert la porte en criant: « Kan passiren, » va être obligée de vous l'ouvrir encore. Tout cela se paie, et le soldat et la sentinelle réclament chacun leurs 4 groschen. Ajoutez à tout cela l'écu saxon pour votre guide, et une contribution de 16 groschen pour les nouvelles casemates. Maintenant vous pouvez partir, ce que vous faites bien vite, en jurant, comme le renard de la Fontaine, qu'on ne vous y prendra plus.

Le fort de Kœnigstein est la clé de la Saxe du côté de la Bohême; sa position le rend imprenable. On ne sait si les Sorbes avaient déjà fortifié cette montagne. A la fin du XIIIe siècle, Kœnigstein appartenait à la Bohême; le roi

Wenzel l'engagea à un de ses vassaux, Stirnard de Winterberg. Le puissant burgrave Jeschke de Dohna l'occupait au commencement du siècle suivant; il en fut dépossédé en 1403 par les margraves de Meissen. L'ancien château fut brûlé pendant la guerre des Hussites, en 1425. Sur ses ruines, le duc Georges de Saxe fit élever en 1516 un couvent de Célestins, que vinrent habiter des moines d'Oybin, près Zittau. Mais au bout de deux ans, voilà qu'une belle nuit tous ces saints hommes prennent la fuite et se sauvent à Wittenberg, où le prieur se maria. Dans sa colère, le duc fit raser le couvent. Après sa mort, le prince Auguste posa les fondemens des fortifications actuelles, qui furent terminées par son fils Christian. Mais c'est surtout au dernier roi de Saxe qu'elles doivent d'être ce qu'elles sont : ce monarque fit construire les casemates et les nouveaux remparts, et placer le magasin à poudre sous les murs du fort. Pendant la guerre de trente ans, Kœnigstein ne fut attaqué ni par les Autrichiens ni par les Suédois, et pendant celle de sept ans, il fut déclaré neutre en vertu d'une convention particulière. En 1813, où il était occupé par une garnison saxonne, les souverains alliés, après la bataille de Leipzig, prirent à son égard une décision semblable. En temps de guerre on transporte dans ce fort les biens de l'état. Le roi Auguste s'y réfugia lorsque commença la guerre de sept ans, et y resta jusqu'à ce que le sort de son armée fût décidé.

Dans la Johannissaal, où est maintenant l'arsenal, on voyait autrefois les portraits de tous les princes de Saxe, depuis les plus anciens, ceux des chefs qui étaient à Vienne avec Jean-George III, et de tous les commandans de Kœnigstein. La partie du fort appelée le Christiansburg renfermait une salle toute en glaces, et où, par un mécanisme ingénieux pratiqué dans le plancher, on voyait paraître à l'heure du dîner une table toute servie. La foudre la détruisit vers le milieu du dernier siècle. Tout près du fort on montre le *Pagenbett* (Lit du Page) : c'est tout bonnement une saillie, de deux pieds à peine de large, que forme le parapet. Un page de Georges III, ayant eu le malheur de s'enivrer, s'y était couché et endormi ; le roi, passant par là et le voyant dans cette position, ordonna qu'on l'attachât solidement avec des cordes, puis il fit venir des trompettes qui se mirent à corner dans les oreilles du pauvre diable. Celui-ci se réveilla en sursaut ; quel ne fut pas son effroi à la vue de l'affreux danger qu'il venait de courir, et sa honte en reconnaissant le roi. Comme on le pense bien, il se trouva complètement dégrisé, et ce fut pour lui une leçon dont il se souvint toujours. — L'église possède un fort beau crucifix en ébène, fait par Georges II, et un portrait de Lucas Kranach. Dans le *Georgenburg*, autre partie du fort, on garde les criminels d'état ; c'est là que furent renfermés le malheureux chancelier Crell, le bourgeois Klettenberg, et Menzel. Dans la montagne sont creusées deux grandes caves, dont l'une renferme toujours, depuis 1624, un immense tonneau ; aussitôt que ce tonneau ne vaut plus rien, on le remplace par un autre. Le dernier a été construit en 1722 par un tonnelier de Strasbourg ; il a trente-quatre pieds de profondeur, et peut contenir trois mille sept cent neuf seaux de Dresde. Le fameux puits dont nous avons déjà parlé, commencé en 1559 et terminé en 1593, a une profondeur de près de sept cents pieds. L'arsenal contient un très grand nombre d'armes de toutes les époques. Le fort est gouverné par un commandant, qui a sous ses ordres un commandant en second, un adjudant de place, un auditeur et un ingénieur.

La ville de Kœnigstein était autrefois un château appartenant aux redoutables chevaliers de Dohna, dont les descendans habitent actuellement en Poméranie. Le margrave Guillaume de Meissen, dansant dans une fête avec la femme d'un de ces chevaliers, s'était permis d'appliquer un baiser sur son sein que le mouvement de la danse venait de découvrir. De là des querelles, qui pendant long-temps ensanglantèrent le pays. Enfin, enhardi par ses sujets qui se levaient tous en criant vengeance, Guillaume attaqua les Dohna, les mit en fuite, et détruisit tous leurs châteaux.

La garnison du fort est d'environ deux cents hommes : les soldats qui la composent atteignent presque tous un âge très avancé. Cela n'est pas étonnant : l'air est si pur là haut! et puis quels soucis peuvent avoir ces gens-là? Ils n'ont rien à faire, ils sont bien nourris et bien vêtus, et les impôts qu'ils savent lever sur la curiosité des visiteurs leur permettent de satisfaire bien des petites fantaisies. — Avec les femmes et les enfans, Kœnigstein contient à peu près cinq cents personnes.

Disons adieu maintenant à la ville et au fort, et suivons la rive gauche de l'Elbe jusqu'à l'embouchure de la petite rivière de Bebne. Là nous trouvons le village de Thürmsdorf. Pendant la guerre avec les Suédois, en 1639, une fille de ce village, poursuivie par des soldats, se sauva sur le Bœrenstein, montagne qui se trouve près de là. Mais ceux-ci couraient toujours après elle ; quelque pas encore, ils l'auront atteinte. Alors la chaste fille voyant qu'elle allait devenir leur victime, et n'écoutant que sa vertu, se précipita du haut de la montagne dans le précipice. Depuis cette époque le Bœrstein a changé son nom en celui de *Jungfersprung* (Saut de la Vierge), et une croix sculptée dans le roc rap-

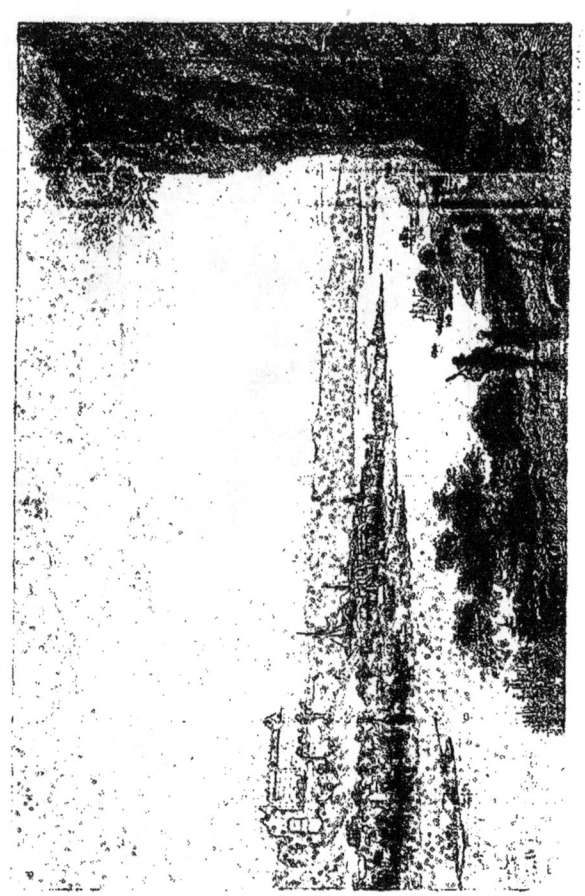

www.ingramcontent.com/pod-product-compliance
Lightning Source LLC
Chambersburg PA
CBHW060141100426
42744CB00007B/857